Viele Single-Männer sind nicht wirklich glücklich, obwohl sie keine Probleme haben, Frauen kennen zu lernen. Gekonntes Flirten allein scheint also nicht auszureichen für ein erfülltes Männerleben. ›Die Haifischzahnstrategie‹ ist nun der erste ganzheitliche Ratgeber für Singles. Mit Hilfe der betriebswirtschaftlichen Strategieanalyse werden erstmals sämtliche Verhaltensvarianten im Affärenmanagement untersucht und bewertet. Maximale Effizienz, aber immer mit Augenzwinkern – genau so, wie Männer es mögen. Und das sympathische Resümee: Erfolgreich ist der, der sich in seinen Affären ehrlich und fair verhält.

Hannes Fehr ist studierter Wirtschaftsingenieur, Verfasser des Buches ›Paid Content erfolgreich verkaufen‹ und arbeitet als freier Berater im Online-Geschäft. Er organisiert in Hamburg eine Partyreihe und ist begeisterter Nachtschwärmer. ›Die Haifischzahnstrategie‹ verfasste er während einer einjährigen Weltreise auf einem PDA und einer Falt-Tastatur.

Hannes Fehr

Die Haifischzahnstrategie

Affärenmanagement für Single-Männer

Deutscher Taschenbuch Verlag

Ungekürzte Ausgabe
August 2009
Deutscher Taschenbuch Verlag GmbH & Co. KG,
München
www.dtv.de
© 2008 Hannes Fehr
Erstveröffentlichung: Verlag Die perfekte Masche, München 2008
Umschlagkonzept: Balk & Brumshagen
Umschlaggestaltung nach einer Idee von Lisa Helm
Druck und Bindung: Druckerei C. H. Beck, Nördlingen
Gedruckt auf säurefreiem, chlorfrei gebleichtem Papier
Printed in Germany · ISBN 978-3-423-21144-4

Vorwort

So viele kleine und große Weisheiten des Lebens versinken, gleich nachdem man sie gehört hat, im Sumpf des Vergessens. Das war Grund genug für mich, endlich anzufangen, alle schlauen Dinge in einem Notizbuch festzuhalten. Dieses wurde dicker und dicker, und es kristallisierte sich heraus, dass das Thema „Affären" eines der meistdiskutierten Themen war. So entstand dieses Buch. Die meisten Erkenntnisse gewannen meine Freunde und ich, indem wir die Dinge um uns herum einfach mit wachen Augen betrachtet und daraus entsprechende Schlüsse gezogen haben. Dieser Ansatz genügt natürlich in keiner Weise den Kriterien einer wissenschaftlichen Arbeit. Ein solcher Anspruch wird für dieses Buch aber auch nicht erhoben. Ich möchte lediglich gesammelte Weisheiten des männlichen Single-Alltags in einer Strategie zusammenfassen, um so erstmals ein wenig Licht in das komplexe und schwierige Thema „Affärenmanagement" zu bringen. Ich habe mich bemüht, alle Erkenntnisse mit einem Beispiel aus dem täglichen Leben zu verknüpfen, damit jeder nachvollziehen kann, wie ich darauf gekommen bin. So können Sie das Geschriebene mit Ihren eigenen Erfahrungen vergleichen.

Darüber hinaus wurde Ende 2006 eine Umfrage mit 1200 männlichen und weiblichen Singles, die Affären gegenüber nicht abgeneigt sind, durchgeführt, um die gewonnenen Erkenntnisse so weit wie möglich statistisch zu untermauern. An dieser Stelle noch einmal vielen Dank an Sasha Shirangi von der Firma Trend Research, der diese Umfrage für mich durchgeführt hat.

Ich habe für die Lösung des Problems die Methodik der betriebswirtschaftlichen Strategieanalyse angewandt. Viele meiner (männlichen und weiblichen) Bekannten waren von diesem Gedanken amüsiert bis begeistert. Mir ging es genauso, denn sonst hätte ich dieses Buch nicht geschrieben. Nun gab es aber auch einige Stimmen mit weniger Humor, zu denen ich mich vorab kurz äußern möchte.

Zum einen wurde der Ansatz der Untersuchung, die maximale Befriedigung der eigenen Bedürfnisse, als egoistisch verurteilt. Dies ist zugegeben richtig, dennoch sollte man eine Sache immer auch nach dem Ergebnis beurteilen! Und dieses ist durchaus nicht zum Nachteil der beteiligten Damen. Im Gegenteil, die Untersuchung beweist ganz sachlich, dass auch bei rein egoistischer Betrachtung ein faires Verhalten gegenüber Ihren Affären die erfolgreichste Variante ist. Und nur so können Sie auch einen Egoisten von fairem Verhalten überzeugen. Das Ergebnis ist nämlich, was man im Beratungsjargon eine WinWin-Situation nennt: Beide Affärenbeteiligten [!] erreichen eine optimale Befriedigung ihrer Bedürfnisse. Sie sind ein glücklicher Single – und Ihre Affären können sich darauf verlassen, dass Sie sie nicht hintergehen, belügen oder mit drei anderen rummachen. Was man beileibe nicht von allen Männern auf dem Markt behaupten kann. Und mit allgemein gültigen moralischen Werten wie Ehrlichkeit und (wenn auch nur temporärer) Treue geht die Haifischzahnstrategie absolut konform. Im Prinzip ist dieses Buch also nichts anderes als der systematische Nachweis, dass ehrliches Verhalten sich durchaus bezahlt macht, wenn man es richtig anstellt.

Weiterhin werden in der Untersuchung viele Dinge quantifiziert dargestellt, wo es doch eigentlich um Menschen geht. Nun zugegeben, erfordert das Buch eine gewisse Menge zynischen Humors. Aber dazu kann ich eigentlich nur sagen: Entweder man amüsiert sich über den Gedanken, eine betriebswirtschaftliche Untersuchungsform auf ein völlig artfremdes Gebiet anzuwenden – oder eben nicht.

Und nun: Viel Spaß mit der Haifischzahnstrategie!

Hannes Fehr

ABBILDUNGSVERZEICHNIS

Teil 1: Einleitung:
Die Grundbedürfnisse des männlichen Singles

Um eine Strategie zu verstehen, ist die Kenntnis ihrer Entstehungsgeschichte oft hilfreich – die Haifischzahnstrategie bildet hier keine Ausnahme. Lassen Sie mich deshalb etwas zur Entstehungsgeschichte dieses
Buches sagen.

Ich habe oft bedauert, dass die meisten Erkenntnisse, die sich bei echten Männergesprächen ergeben, wieder in Vergessenheit geraten und deswegen nicht im Alltag umgesetzt werden. Egal ob das Gespräch morgens
um zwei in einer Bar, an einem lauen Sommerabend am Holzkohlegrill
oder auch nur bei einem schwer verdienten gemeinsamen Feierabendbier
stattfand – das zusammengetragene Wissen wurde in den wenigsten Fällen konstruktiv genutzt. Wie nach einem Meeting, in dem zwar jeder
fleißig Kekse isst, aber keiner etwas aufschreibt.

Und was die Sache noch schlimmer macht: Die begrenzte Gesprächs-
zeit reichte meist nur zur Beleuchtung von Teilbereichen eines Problems –
auf diese Weise können lediglich Insellösungen gefunden werden. Besonders, wenn es um die wirklich grundlegenden Probleme geht, wie
beispielsweise den richtigen Umgang mit dem schönen Geschlecht, müsste
man eigentlich wochenlange Workshops halten, um zufriedenstellende
Ergebnisse zu erzielen. Nur, das tut natürlich niemand. Anstelle einer
Gesamtstrategie entstehen so immer lediglich Strategiefragmente, die nie
zu einem umfassenden Fazit zusammengefasst werden. Denn bevor zwei
passende Ansätze zueinander finden, sind sie schon lange wieder aus dem
Gedächtnis verschwunden. Eine Verknüpfung all der einzelnen guten
Ideen ist deshalb nahezu unmöglich.

An dieser Stelle setzte ich an. Es musste doch möglich sein, diese Insellösungen zu dokumentieren und zu einem Leitfaden zusammenzufügen.
Genau hier beginnt die Historie der Haifischzahnstrategie.

Wir Männer lernen im statistischen Mittel nur ca. alle zwei Jahre eine
Frau kennen, die wir aufgrund des ersten Eindrucks als unsere Traumfrau bezeichnen würden und die auch noch ein Interesse an uns hat[1]. Und
nur in einem Viertel dieser Fälle wird daraus eine Beziehung[2]. Bis die
Single-Zeit in eine glückliche Beziehung mit der Traumfrau mündet, kann
es also durchaus ein langer Weg sein, und diese Zeit möchte man natürlich so glücklich wie möglich verleben. Ich wollte sämtliches Wissen zu-

sammentragen, welches ein Mann benötigt, um diesen oft harten und steinigen Teil seines Lebensweges glücklich zu beschreiten.

Im Grunde hat man auf dem Weg zu seiner Traumfrau zwei Alternativen:

Möglichkeit 1: Man lässt alle anderen Frauen so lange links liegen, bis man ihr begegnet. In diesem Fall muss man sich mit jeder Menge einsamen Sonntagabenden herumschlagen. Und wenn man der Traumfrau dann nach langer Zeit endlich begegnet, ist man eventuell im entscheidenden Augenblick zu verkrampft und setzt die notwendige Eroberung auch noch in den Sand.

Möglichkeit 2: Man wirft sich stattdessen mit fliegenden Fahnen in die Akquise. Dann wird man, je nach individueller Begabung, einen mehr oder weniger großen Anteil seiner Abende mit weiblicher Besetzung belegen können. Aber: Auch wenn man in Hochform jeden Beutezug mit Selbstvertrauen und Zuversicht über die Bühne bringt, wird es dennoch harte Zeiten geben, in denen einfach nichts klappen will. Trotz intensiver Bemühungen kassiert man einen Korb nach dem anderen und landet doch wieder allein auf dem Sofa. Bei den Männern, die generell zu wenig Frauenbekanntschaften machen[3], ist dieser Mangelzustand zudem nicht die Ausnahme, sondern leider die ungewollte Regel.

---

[1] Frage: „Wie häufig lernen Sie eine Frau kennen, die Sie nach den ersten Eindrücken als Ihre Traumfrau bezeichnen würden und die auch ein Interesse an Ihnen hat?"
• Durchschnittsdauer ca. 2 Jahre.
• Bei Männern, die häufiger als einmal im Monat eine Frau ansprechen, tritt dieses Ereignis im Durchschnitt nach 1,7 Jahren ein, beim Rest erst nach durchschnittlich 2,6 Jahren. [Quelle: Umfrage Trend Research]

[2] Frage: „In wie vielen Fällen obiger Begegnungen wird eine Beziehung daraus?"
• Im Durchschnitt in ca. 25 % der Fälle.
• Bei 21 % der befragten Männer wird nie eine Beziehung daraus.
• Bei Männern, die häufiger als einmal im Monat eine Frau ansprechen, wird in 30 % der Fälle eine Beziehung daraus, bei denen, die dies seltener tun, lediglich in 22 % der Fälle. [Quelle: Umfrage Trend Research]

Was sind die Ursachen dieses so bedauerlich schwankenden Akquise-potenzials? Wünschenswert wäre doch, dass man den Nachschub an jungen Damen konstant und auf hohem Niveau hält, so dass eine Grundversorgung jederzeit gewährleistet ist.

Außerdem: Selbst in erfolgreichen Phasen ist das Handling von Techtelmechteln oft mit einer Menge Aufwand und Stress verbunden. Zum Beispiel wenn man gerade mit Jenny in der City shoppen ist und ständig befürchten muss, Claudia über den Weg zu laufen. Das müsste doch auch stressfreier gehen!

Und nicht zuletzt sind oberflächliche Geschichten auf Dauer auch nicht das Gelbe vom Ei – von Zeit zu Zeit erhofft der Mann sich einfach ein wenig mehr Tiefgang in seinen Affären.

Um es zusammenzufassen: Wir Männer haben eine Vielzahl unterschiedlicher Bedürfnisse, die zu befriedigen äußerst kompliziert und nervenaufreibend ist – und bisher standen wir mit diesem Problem völlig allein da.

Das musste geändert werden. Der erste Schritt war ganz klar eine Dokumentation des vorhandenen Wissens. Ich wühlte in meinen Schubladen und fand ein orangefarbenes DIN-A5-Hausaufgabenheft aus der achten Klasse, in dem glücklicherweise erst eine Seite beschrieben war. Ich beschloss, dieses Heft von jetzt an 24 Stunden am Tag bei mir zu tragen und sämtliche kongenialen Erkenntnisse in Bezug auf die Behandlung des schöneren Geschlechts zusammenzutragen und als Gesamtwerk für die Nachwelt festzuhalten. Die Situation schien günstig: Ich hatte gerade meinen Job gekündigt und plante eine einjährige Weltreise. Dieses Jahr würde mir Zeit geben, das Thema mit dem ihm gebührenden Ernst und der nötigen Sorgfalt zu behandeln.

Nun bin ich kein Psychologe, sondern Wirtschaftsingenieur, und versuche, sowohl meine täglichen als auch meine nichtalltäglichen Probleme möglichst zielorientiert und sachlich zu lösen. Vor diesem Hintergrund stellte ich mir die Frage, warum man den Umgang mit dem weiblichen Geschlecht nicht mit derselben Systematik wie die Frage nach der optimalen Unternehmensstrategie betrachten kanne. Auch im Unternehmen

---

[3] Ca. 40% der befragten Männer sind unzufrieden mit der Anzahl an Frauen, die sie kennen lernen. [Quelle: Trend Research]

hat man mit sehr vielen unsicheren Größen zu kämpfen und muss dennoch die optimale Handlungsalternative bestimmen. Ich beschloss daher, das Thema einmal nicht psychologisch, sondern aus betriebswirtschaftlicher Sicht anzugehen – um so zum ultimativen Ziel zu kommen: dem perfekten Affärenmanagement für Männer!

Eine Strategiebestimmung im Unternehmen läuft im Großen und Ganzen folgendermaßen ab: Man beginnt die Untersuchung mit der Festlegung von Zielen – d. h. der Frage, was man mit dem Unternehmen in den nächsten Jahren erreichen will. Dann werden Handlungsalternativen erarbeitet, welche in einem dritten Schritt daraufhin bewertet werden, wie gut man die jeweiligen Ziele damit erreicht. Abschließend werden diese Bewertungen für jede Strategie zu einer Gesamtpunktzahl zusammengefasst, wobei man die Punktzahlen wichtiger Ziele entsprechend höher gewichtet. Die Strategie, welche die höchste Gesamtpunktzahl erreicht, ist die für das Unternehmen optimale.

Natürlich werden bei einer realen Strategiebetrachtung für ein großes Unternehmen noch viele weitere begleitende Analysen notwendig, wie z. B. Chancen-/Risiken-Analyse, Marktuntersuchungen auf Käufer- und Lieferantenseite und einige mehr. Aber im Grunde erschien mir dieses Vorgehen bestens geeignet zur Identifikation der optimalen Strategie des Affärenmanagements.

Ich machte mich also ans Werk. Der erste Schritt war folgerichtig die Festlegung von Zielen – in unserem Fall lief das auf die Frage hinaus „Was braucht ein Single-Mann, damit er glücklich ist wie der Mops im Haferstroh?".

Nach landläufiger Meinung sind die Bedürfnisse des Durchschnittsmannes recht simpel: Essen, Schlafen, Bier und Sex. Das macht die Situation im Grunde recht einfach: In den meisten westlichen Gesellschaften ist es für jedermann ohne großen Aufwand und nennenswerte Schwierigkeiten möglich, die drei erstgenannten Punkte (Essen, Schlafen und Bier) zu befriedigen. Sie konnten also mit gutem Gewissen aus der Betrachtung ausgeschlossen werden.

Was bleibt, ist das Bedürfnis nach Sex – und hier fängt es an, problematisch zu werden. Die Wissenschaft ist sich heute einig, dass eine Unterversorgung des Mannes mit Sex empfindliche Folgen für sein Wohlbefinden hat – bis hin zur Gefährdung von Leib und Leben! Nachgewiesene Folgen von sexuellen Mangelzuständen reichen von allgemeinem Unwohlsein über verringertes Hör- oder Denkvermögen bis hin zu verminderter Fahrfähigkeit.

A. Das Primärbedürfnis: Sex

Leider ist dieses äußerst wichtige Bedürfnis – im Gegensatz zu den erstgenannten – besonders schwierig zu befriedigen. Denn Sex erfordert das Vorhandensein eines weiblichen Gegenparts. Um also den zur Erhaltung des körperlichen und geistigen Wohlbefindens so unabdingbaren Sex zu bekommen, ist eine möglichst lückenlose Verfügbarkeit von paarungswilligen Damen erforderlich.

Und leider nicht nur irgendwelcher Damen! Mit der Entwicklung unserer Zivilisation haben sich einige gesellschaftliche Konventionen eingeschlichen, die dem modernen Mann das Leben sehr schwer machen können. Männer haben noch immer ein archaisches Verlangen, alle Weibchen der Herde zu begatten. In unserer heutigen Gesellschaft gilt dies jedoch als etwas unschicklich, was die vollständige Befriedigung des Fortpflanzungstriebs nicht eben einfacher macht.

Der moderne Mann musste sich also seiner Zeit anpassen. Da wir uns heute wohl oder übel in der Anzahl unserer Gespielinnen ein wenig einschränken müssen, versammeln wir tendenziell eher weniger Frauen um uns herum als noch unsere Kollegen aus der Steinzeit, sind dafür aber anspruchsvoller. Oder wem schauen Sie bevorzugt hinterher? Einer Braut aus der Produktionsreihe „smarte Modestudentin" oder der Fleischereifachverkäuferin vom Supermarkt gegenüber? Wenn Sie nicht einen ganz eigenwilligen Fetisch mitbringen, dann tippe ich auf die Modestudentin. Der moderne Mann hat also ein noch etwas spezifischeres Bedürfnis als sein Vorfahr aus der Steinzeit. Die Auswahl sollte deswegen durch eine möglichst hohe Qualität gekennzeichnet sein.

B. Guter Sex

Nehmen wir nun einmal wohlwollend an, Sie hätten eine junge, attraktive, Ihnen zugeneigte Dame erobert. Dann werden Sie die kostbare gemeinsame Zeit eher nicht mit Gesellschaftsspielen ausfüllen, sondern (hoffentlich) auch Sex mit ihr haben. Ihr Bedürfnis ist also in quantitativer Hinsicht befriedigt.

So weit, so gut. Nun aber mal angenommen, der Sex mit dieser Dame ist von derart minderer Qualität, dass Sie darüber nachdenken, den nächsten sexuellen Höhepunkt doch besser wieder selbst in die Hand zu nehmen. Dann? Tja, dann haben Sie ein Problem. Halten wir also als weiteres Bedürfnis fest: Sex sollte nicht nur regelmäßig, sondern auch von hoher Qualität sein.

Nun ist man fast versucht zu sagen, das wäre doch wirklich alles, was Mann zum Glücklichsein braucht. Tja, und bei unserem Steinzeitkollegen war das wohl auch so. Aber leider ist das Leben des modernen Mannes ungleich komplizierter.

C. Emotionale Nähe und Zuwendung

Gerade an Sonntagabenden findet sich beim modernen Single-Mann das Bedürfnis nach echter Zuwendung und Zärtlichkeit in dieser einsamen und harten Welt.

One-Night-Stands oder Kurzaffären von weniger als einer Woche sind zwar aufregend, hinterlassen jedoch kein bleibendes Gefühl. Nachdem der kurze Kick vorbei ist, hat man die Sache schon wieder vergessen. Diese Eintagsfliegen bieten keinerlei Halt in schlechten Zeiten. Längere Affären dagegen ermöglichen das Entstehen von Vertrauen[4]. Was den einen oder anderen schlechten Tag durchaus aufwerten kann. Wenn Sie wissen, dass die schnuckelige Maus, mit der Sie gerade eine Affäre haben, an Sie denkt, kann das einen miesen Tag einfach fluffiger machen.

Was in guten Zeiten wünschenswert ist, ist in schlechten Zeiten sogar zwingend notwendig. Auch echte Kerle brauchen ab und an ein bisschen ehrliche Zuneigung und ein paar Streicheleinheiten.

Fehlt Ihnen die Zuwendung in einer vorübergehenden schlechten Phase, in der keine vernünftige Frau etwas von Ihnen wissen will, kann das zu äußerst kritischen Situationen führen. Zum Beispiel an einem dieser „Kein-Schwein-ruft-mich-an"-Sonntagabende, an denen Sie alleine in Ihrer Bude hängen und Ihre Freunde sich mit ihren Ladys und abgeschaltetem Handy eingegraben haben. In einer solchen Situation passiert es nur zu leicht, dass Sie Dinge tun, die Sie später bereuen. Wenn Sie beispielsweise eine Bekanntschaft anrufen, die Sie Ihren besten Kumpels bisher aus gutem Grund verschwiegen haben – und sich am Montag dafür schämen. Oder schlimmer: Wenn Sie einem Qualitätsexemplar hinterherlaufen, das eigentlich aus strategischen Gründen erst einmal in Ruhe gelassen werden müsste.

Noch schlimmer wird's, wenn das Leben längerfristig einen grauen Unterton hat – oder sogar ein wenig aus den Fugen gerät (lange Arbeitslosigkeit etc.). Dann braucht Mann nicht nur ein paar Streicheleinheiten, sondern wirkliche Nähe. Die Erfüllung dieses Bedürfnisses in einer solchen Situation wirft für den männlichen Einzelkämpfer ein echtes Problem auf: Die Damen weigern sich in der Regel, besagtes Bedürfnis nach echter Nähe zu befriedigen, wenn ihnen nicht im Gegenzug Ähnliches geboten wird – und zwar exklusiv!

Und genau hier beginnt der Albtraum: Wir können nicht gleichzeitig die von der Evolution für uns vorgesehene Mindestmenge junger Damen verführen und gleichzeitig einer Einzigen treu sein, die uns die verflixten notwendigen seelischen Streicheleinheiten gibt. Dieses Dilemma kann einen zur Verzweiflung führen oder auch in Teufels Küche! Die Kombination aus „schwerwiegendem emotionalem Tief" und mangelnden Streicheleinheiten ist äußerst gefährlich. Tritt in einer solchen Phase eine Frau auf den Plan, die einem die nötige Zuwendung gibt, kann es zum Super-GAU kommen: Das Hineinstolpern in eine Zweckbeziehung mit einer Frau, die man nicht liebt – nur um den so dringend benötigten emotionalen Rückhalt zu bekommen.

---

[4] Deswegen haben Männer, denen emotionaler Rückhalt bei ihren Affären wichtig ist, um 19 % längere Affären als solche, denen das nicht so wichtig ist. [Quelle: Trend Research]

Bedauernswert ist das arme männliche Wesen, das in eine solche Falle getappt ist. Damit bringen Sie sich in eine äußerst komplizierte Lage – denn sobald wieder Licht am Horizont erscheint und Sie den emotionalen Halt nicht mehr so nötig brauchen, werden Sie diese Beziehung als Last empfinden. Die folgende, unvermeidliche Trennung ist, wie alle Trennungen, schwierig, und Ihre zukünftige Ex wird Ihnen – völlig zu Recht – vorhalten, dass Sie sie nur benutzt haben, um über die schlechte Zeit zu kommen. Versprochen: Ist dieser Schlamassel erfolgreich bewältigt, werden einige Probleme und Gewissensbisse hinter Ihnen liegen!

Halten wir also fest: Eine gute Strategie sollte für eine permanente Deckung des Mindestbedarfs an emotionaler Zuwendung und Nähe sorgen. Und das in guten wie in schlechten Zeiten, und zwar ohne dafür eine Zweckbeziehung eingehen zu müssen.

D. Minimaler emotionaler Stress

Merke: Schon jetzt wird klar, dass das Leben des Mannes von heute in verschiedener Hinsicht ungleich komplizierter ist als das seines steinzeitlichen Kollegen. Aber es kommt noch dicker: Wir Männer haben im Laufe der letzten 4000 Jahre leider so etwas wie ein soziales Gewissen entwickelt. Was dazu führt, dass wir bei unterschiedlichen Gelegenheiten emotionalen Stress verspüren!

Frauen verursachen emotionalen Stress. Tonnenweise. Das führt von Kleinigkeiten („Ich würde heute so gern ins Kino gehen – der neue Film mit Hugh Grant läuft an!") bis hin zu wirklich ernsten Situationen („Findest du, in dem Kleid seh ich dick aus, Schatz?"). Das geschieht ganz unabhängig vom Affärenmanagement. Denn egal, wie Mann es auch anstellt: Frauen bleiben nun einmal Frauen, und da ist ein gewisser Stress bei gewissen Themen vorprogrammiert. Daran kann auch die beste Strategie nichts ändern … bis auf eine durchaus gewichtige Ausnahme.

Verletzte weibliche Gefühle erzeugen bei uns in der Regel ein schlechtes Gewissen. In der Folge sind viele von uns heute immer wieder durch Gewissensbisse und emotionalen Stress geplagt, obwohl wir doch lediglich ihrem gottgewollten Geschlechtstrieb folgen. Wie wir es auch anstellen, immer ist es verkehrt!

Einfühlungsvermögen liegt nun mal nicht in der Natur des Mannes. Dies gilt speziell in Hinblick auf die für uns absolut unergründliche Gefühlswelt der Frau. Ihre Gefühle nicht zu verletzen ist für jeden Mann ein äußerst schwieriges Unterfangen, Verstimmungen unserer Gespielinnen sind deshalb leider oft an der Tagesordnung. Und je mehr junge Damen an der Gesamtsituation beteiligt sind, desto schwieriger wird es, die komplexen Gefühle aller Beteiligten zu durchschauen – es kommt zu Tränen, Vorwürfen und all diesen Dingen, die kein Mann wirklich braucht.

Um diese Thematik in einem klaren Ziel zusammenzufassen: Der moderne Mann sehnt sich verzweifelt danach, seinem Drang nach Fortpflanzung ohne emotionalen Stress nachgehen zu können!

E. Abwechslung im Menüplan

Man sollte meinen, dass, wenn der Mann das alles hätte (Sex, guter Sex, emotionale Nähe, minimaler emotionaler Stress), er nun endlich glücklich wäre wie der besagte Mops im Haferstroh. Aber nein – weit gefehlt! Denn der liebe Gott hat es den Kerlen nicht leicht gemacht und uns den Drang in die Wiege gelegt, sich nach Möglichkeit einen Harem so groß wie Russland anzulegen. Gerade bei den Jüngeren unter uns sorgt dieses Bedürfnis für permanente Unruhe.

Warum ist das so? Vielleicht, weil mehr Frauen mehr oder besseren Sex bedeuten … oder eine anderweitig verbesserte Lebensqualität?

Zunächst einmal: Ein Mehr an Frauen bedeutet nicht unbedingt mehr Sex. Jede Liebschaft erfordert eine Kennenlernphase, sei sie nun 20 Minuten oder mehrere Wochen lang. Und in dieser Zeit haben Sie wahrscheinlich keinen Sex mit der Dame. Wechseln Ihre Affären häufig, so werden Sie sich oft mit Abenden zufrieden geben müssen, die der Eroberung dienen und nicht immer da enden, wo Sie es gerne gehabt hätten. Schnell wechselnde Partnerinnen bedeuten deshalb nicht zwingend mehr Sex – manchmal eben sogar weniger, als wenn man lediglich eine einzelne Affäre hätte. Weiterhin verursacht eine Überlappung mehrerer Affären einen signifikanten Anstieg des emotionalen Stresses. Nicht zu sprechen von dem Mangel an emotionaler Nähe, den ein lediglich oberflächliches

Abarbeiten der Affären in der Regel nach sich zieht. Ein Mehr an Affären kann also im Gegenteil sogar die Lebensqualität vermindern.

Was ist es dann, was viele von uns dazu treibt, möglichst viele Affären gleichzeitig zu haben? Man könnte vermuten, dass Männer möglichst viele Vertreterinnen des schönen Geschlechts um sich versammeln, um damit Respekt bei den Kollegen zu erlangen. Aber auch diese Vermutung hat einen Haken. Die Eroberung eines Spitzenexemplars schindet mehr Respekt als die erfolgreiche Verführung zehn weiblicher Beutestücke der Güteklasse C bis E. Eine lediglich auf Quantität ausgerichtete Strategie erzeugt bei den Kumpels lediglich den Eindruck der Wahllosigkeit, lässt aber einen Kerl nur bedingt als Womanizer erscheinen. Wenn Sie dagegen alle vier Wochen eine schöne Frau mitbringen, die Ihren Jungs den Atem raubt, so ist das wesentlich effektiver. Ein Fokus auf Qualität brächte also wesentlich mehr Respekt. Insofern fällt diese Erklärung für die Taktik, wahllos möglichst viele Frauen um sich zu versammeln, ebenfalls weg.

Warum also streben Männer nach Abwechslung auf der Karte? Da es zumeist jüngere Männer sind, bei denen dieses Phänomen zu beobachten ist, scheint es etwas mit dem Alter zu tun zu haben. Und genau so ist es auch. Für junge Männer hat jede Eroberung noch den Reiz des Neuen. Dementsprechend machen sie mit jeder neuen Affäre neue Erfahrungen, die ihnen einen Kick geben. Das macht die Sache interessant, das ist der Anreiz und Grund, warum gerade jungen Kerlen die Abwechslung im Menüplan so überaus wichtig ist. Mit der Zeit (und vor allen Dingen mit der Zahl der Eroberungen) nimmt dieser Reiz ab, weil sich die gemachten Erfahrungen ähneln. Man(n) ist immer seltener beeindruckt, und irgendwann lässt sich die Anzahl der Dates im letzten Jahr, die Schmetterlinge im Bauch erzeugt haben, mit Leichtigkeit an einer Hand abzählen. Für diese Männer ist Abwechslung kein Wert an sich mehr. Sie werden deswegen eher weniger, aber dafür hochklassigere Frauen um sich versammeln wollen. Anders gesagt: Männer, die schon Bekanntschaft mit einer Wildkatze gemacht haben, werden sich nicht mehr mit einer grauen Hauskatze begnügen.

Aber: Auch bei Männern gehobeneren Alters kann man immer wieder eine gewisse Wahllosigkeit beobachten. Das lässt sich nicht mehr mit dem Reiz des Neuen erklären, denn diese Männer werden in ihrem Leben schon vieles gesehen haben und nicht mehr mit jeder Neueroberung eine Überraschung erleben. Die Ursache dafür ist eine andere: Jede Eroberung streichelt das Ego und bestätigt die eigene Attraktivität. Je länger diese Bestätigung nicht mehr erfolgt ist, desto mehr wird sie gebraucht. Männer, deren Selbstbewusstsein (vielleicht auch nur vorübergehend) im Keller ist, müssen sich deswegen durch möglichst viele Eroberungen selbst bestätigen. Und zwar so lange, bis sie sich ihren Marktwert zumindest übergangsweise wieder bewiesen haben.

Ergo: Wir wünschen uns von Zeit zu Zeit eine gewisse Abwechslung. Aus unterschiedlichen Gründen und unterschiedlich stark – aber wir alle haben ein Bedürfnis danach.

F. Minimaler Aufwandseinsatz

Im Prinzip haben wir jetzt schon alle Bedürfnisse des Mannes abgehakt. Wenn Mann diese zufriedenstellend erfüllt hat, kann er sich bereits sehr glücklich schätzen. Gleichwohl gilt es noch einen letzten Punkt zu betrachten: den für das Affärenmanagement zu investierenden Aufwand! Denn Sie haben ja noch andere, durchaus wichtige Dinge, um die Sie sich kümmern müssen. Zum Beispiel für eine akzeptable Lebensqualität absolut unverzichtbare Dinge wie Fußball gucken und/oder sich mit Ihren Jungs auf ein (oder auch ein paar mehr) Bier treffen. Oder aber andere, wenngleich nicht ganz so entspannte Dinge, die aber zur Steigerung des eigenen Marktwerts absolut notwendig sind, wie beispielsweise ab und an ein paar Gewichte zu stemmen oder an der Karriere zu arbeiten. Von nichts kommt schließlich nichts. Und für alle diese Dinge brauchen Sie Zeit, die Sie nicht unnötig verschwenden wollen.

Effizienz bei der Befriedigung der Bedürfnisse ist also wichtig, die Akquise und Administration der jungen Damen sollte daher so wenig Aufwand wie möglich verursachen – womit ein letzter Anspruch an die Strategie klar wäre.

Lassen Sie mich der Übersichtlichkeit halber die erarbeiteten Bedürfnisse noch einmal in Stichworten zusammenfassen:

- Sex
- Guter Sex
- Emotionale Nähe
- Minimaler emotionaler Stress
- Abwechslung im Menüplan
- Minimaler Aufwandseinsatz

Bei genauerer Betrachtung dieser Ziele kann der Mann von heute nun zu Recht verzweifeln – denn eine gleichzeitige Erfüllung all seiner Bedürfnisse ist eigentlich unmöglich. Bei maximaler Abwechslung in Bezug auf seine Affären wird ein Mann wenig emotionale Nähe erfahren, denn durch die hohe Fluktuation wird ein Entstehen eines tieferen Zusammengehörigkeitsgefühls verhindert. Ebenso wird er höllisch viel Aufwand und Stress mit der Organisation seines Harems haben. Und nicht zuletzt wahrscheinlich nicht einmal die maximale Menge an Sex, weil er zu viel Zeit mit Eroberungsallüren verschwendet.

Legt der Mann dagegen Wert auf maximale emotionale Nähe, wird er wohl eine schmerzliche Einschränkung in der Anzahl seiner Gespielinnen hinnehmen müssen.

Fazit: Um der Komplexität und Unvereinbarkeit unserer heutigen Bedürfnisse die Stirn bieten zu können, müssen wir Männer all unsere Erfahrungen zusammentragen. Nur so ist ein glückliches (Über-)Leben möglich. Lassen Sie uns also zielgerichtet weitergehen auf dem Weg zu einem glücklichen Männerleben!

Wir haben im ersten Schritt die Bedürfnisse des Single-Mannes geklärt – und wenn man sich die Sachlage einmal genau anschaut, fällt eine notwendige Grundbedingung für die Erfüllung der meisten Ihrer Bedürfnisse auf: Die Verfügbarkeit junger Damen, die bereit sind, eine Liaison mit Ihnen einzugehen. Ohne weibliche Begleitung brauchen Sie sich um

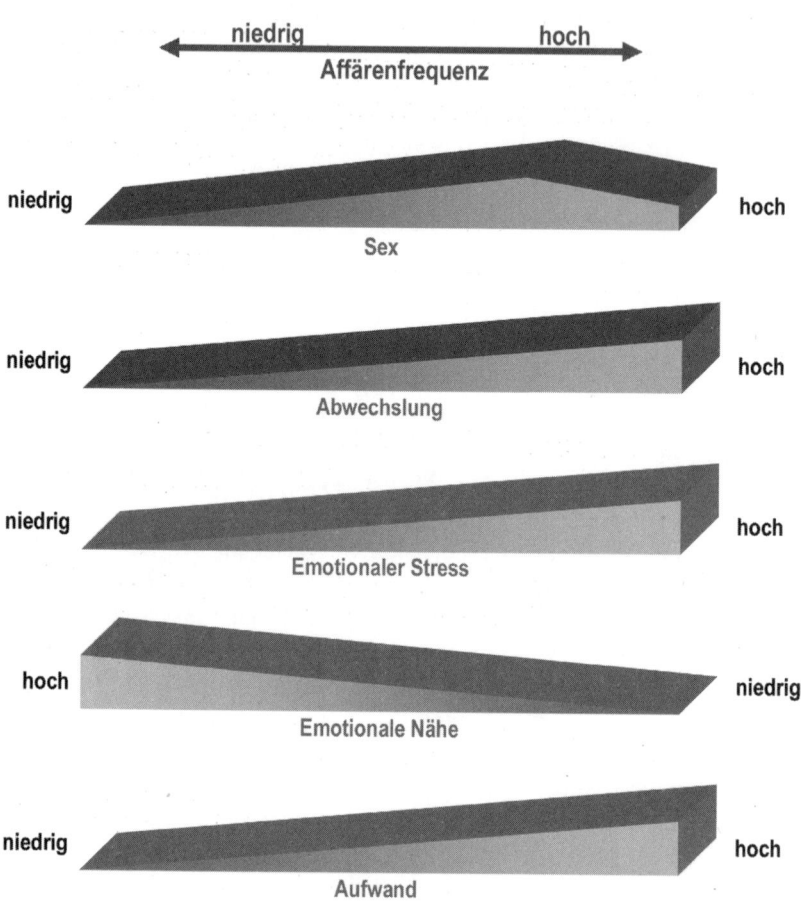

Abbildung 1 – Erfüllung der Bedürfnisse in Abhängigkeit zur Affärenfrequenz

Bedürfnisse wie ein qualitativ gutes Sexleben oder ausreichende emotionale Nähe keine Gedanken zu machen – sie bleiben ganz einfach unerfüllt. So wichtig also ein intelligentes Affärenmanagement auch ist: Wer keine Affären hat, muss diese auch nicht managen.

Lassen Sie uns deswegen, bevor wir uns den unterschiedlichen Strategien des Affärenmanagements zuwenden, um die Basics kümmern: der Frage, wie man eine ausreichende Affärengrundversorgung erreichen kann.

Teil 2: Die Grundvoraussetzung: ausreichende Versorgung mit Affären maximaler Qualität

Lassen Sie mich zu Beginn dieses Kapitels zunächst kurz den Begriff „Affäre", wie er im Rahmen dieses Buches verwendet wird, festlegen. Es gibt zwei landläufige Bedeutungen. Die eine steht für eine Liebschaft mit einer verheirateten Person. Die andere für eine lose Verbindung zwischen zwei Menschen mit unbestimmt amourösem Charakter. Ich verwende den Begriff in diesem Buch in letzterem Sinne. Affäre meint hier also jede amouröse Verstrickung, die keine Beziehung ist (ca. 60 % aller Single-Männer haben derartige Liebschaften[5]). Das schließt sowohl Affären mit ein, bei denen von Anfang an klar ist, dass daraus keine Beziehung wird, als auch solche, bei denen diese Frage noch nicht final beantwortet wurde (ca. 20 % aller Affären enden in einer Beziehung[5]).

So viel dazu. Jetzt aber zum eigentlichen Thema – der ausreichenden Versorgung mit eben jenen Affären. Wir hatten gelernt, dass die Verfügbarkeit zumindest einer Affäre die Grundvoraussetzung für die Erfüllung aller weiteren Bedürfnisse, wie z. B. emotionaler Nähe, ist. Wie aber vermeidet man Versorgungslücken und wo liegen mögliche Ursachen für derartige Mangelzustände? Die Antwort ist ganz einfach! Denken Sie einmal an Bier. Im Laufe der Zeit verbrauchen Sie einige Flaschen von Ihrem Vorrat und müssen deshalb immer wieder welche nachkaufen. Verbrauchen Sie mehr, müssen Sie logischerweise auch mehr einkaufen oder Ihr bestehender Vorrat an Bier wird immer kleiner werden, bis er irgendwann aufgebraucht ist. Und so etwas möchte kein Mann im Haushalt erleben müssen.

Für den Bestand an attraktiven Frauen kann man dieses Bier-Modell einfach übertragen. Unter Bestand verstehe ich im Rahmen dieses Buches die Menge an jungen Damen, die Sie bereits kennen und die entweder a) potenziell zu einer Affäre mit Ihnen bereit wären oder b) bereits eine mit Ihnen haben. Wie beim Bier gilt: Verbuchen Sie mehr Abgänge, als durch Neuakquise hinzukommen, sinkt der Bestand. Wenn das lange genug anhält, kann der Bestand bis auf null zurückgehen. Und dann haben

---

[5] 61 % der befragten Single-Männer antworteten auf die Frage „Haben Sie während Ihrer Single-Zeit Affären?" mit „Ja". Übrigens auch 62 % der Single-Frauen. Auf die Frage, wie viele der Affären in einer Beziehung enden, antworteten die Männer im Durchschnitt mit 22 %, die Frauen mit 25 %. [Quelle: Trend Research]

Sie den Salat! Sie hätten gern eine junge Dame zur Seite, wissen aber nicht, woher nehmen – die Versorgungslücke ist da!

Versorgungslücken können also zwei unterschiedliche Ursachen haben: Ein zu geringer Nachschub oder ein zu hoher Verbrauch an Affären. Insofern kann (und sollte) man die Vermeidung von Versorgungslücken ebenfalls von zwei Seiten angehen: einerseits durch eine gute Akquise, anderseits durch einen moderaten Konsum.

Männern, die eine gewisse Grundfertigkeit in der Akquise besitzen, erscheint als naheliegendste Strategie oft, einfach so viel Nachschub wie möglich zu organisieren. Diese Maßnahme allein führt jedoch nicht immer zu optimalen Ergebnissen – in qualitativer wie auch quantitativer Hinsicht.

Lassen Sie uns zunächst den qualitativen Aspekt betrachten. Ich gehe einmal davon aus, dass Sie nicht nur irgendwelche Frauen möchten, sondern am liebsten die wirklich heißen. Oder treiben Sie sich genauso gerne mit einem Mauerblümchen rum, wenn Sie wissen, Sie könnten auch einen Paradiesvogel haben? Eben! Die Krux der Qualitätsaffären ist nun aber, dass Sie einem nicht alle zwei Minuten in einer eroberungstechnisch günstigen Situation über den Weg laufen. Nachschub ist deswegen zumindest in der gewünschten Qualität nur in begrenztem Maße verfügbar. Dabei ist es durchaus nicht so hilfreich, wie man vielleicht denken möchte, sich zu der Womanizer-Fraktion zählen zu dürfen: Der individuelle Qualitätsanspruch steigt mit der eigenen Anziehungskraft auf die Weiblichkeit. Was für den einen eine absolute Spitzenfrau ist, kann für den anderen eventuell nur eine Durchschnittsfrau sein. Je mehr Frauen Sie haben können, umso höher sind auch Ihre Ansprüche und umso seltener läuft Ihnen eine Dame über den Weg, die diesen Ansprüchen genügt.

Nun wird es sicherlich immer noch einige geben, die der Meinung sind, selbst im Rahmen ihrer hohen Qualitätsansprüche jederzeit genug Frauen akquirieren zu können[6]. Ich nehme das diesen Männern ohne Weiteres ab – wenn sie gerade oben auf der Welle schwimmen! Aber wie sieht es in schlechten Zeiten aus? Wenn Sie wegen privater Probleme mal nicht der Strahlemann sein können? Oder wenn der Beruf Sie derart in Anspruch nimmt, dass Sie in Ihrer freien Zeit ständig müde und antriebslos sind? Ich denke, die meisten von uns werden in solchen Situationen bereits Bekanntschaft mit der Einsamkeit auf dem heimischen Sofa gemacht haben.

Den verbleibenden 0,08 % der Auserwählten der George-Clooney-Liga, die auch in schlechten Zeiten nicht den Ansatz eines Problems haben, gilt mein Respekt. Sollten Sie dazu gehören, legen Sie bitte sofort das Buch beiseite und machen Sie was Sinnvolleres – treffen Sie z. B. eine von den 15 rattenscharfen Frauen, die nur darauf warten, dass Sie sich über sie hermachen – für Sie ist das hier Zeitverschwendung! Für uns restliche 99,92 % gilt leider: Die Neuakquise ist nur bedingt steuerbar, und der Erfolg hängt, wie wir sehen werden, von den unterschiedlichsten Faktoren ab. Deswegen ist es für uns nicht möglich, Versorgungslücken allein durch Akquisemaximierung vermeiden zu wollen. Daher ist ein moderater Konsum als zweite Maßnahme zur Vermeidung von Versorgungslücken so zentral wichtig. Die Menge der Bestandsabgänge hängt zum überwiegenden Teil davon ab, wie Sie mit den Damen umgehen, und lässt sich deshalb im Vergleich zum Akquiseerfolg sehr viel besser steuern. Um es mit einer aus dem Umweltschutz bekannten Weisheit zu sagen:

Verbrauche nicht mehr als nachwächst,
dann hast du immer genug!

Jetzt könnte es eigentlich losgehen – wenn sich in einer abendlichen Diskussion bei zahlreichen Gin Tonics nicht noch die Notwendigkeit zu einer kleinen Erweiterung obigen Modells herausgestellt hätte: Die „Rüstzeit". In der industriellen Produktion wird mit diesem Begriff die Zeit beschrieben, die für den Umbau einer Maschine von einem Arbeits-

---

[6] Der durchschnittliche Single-Mann akquiriert ca. 0,6 Telefonnummern im Monat. Die Top-3 % der Männer, die von ihren Freunden als „vorbildlich" in Bezug auf Frauen-Ansprechen bezeichnet werden, bekommen ca. 3,5 Nummern pro Monat. Als „überdurchschnittlich erfolgreich" Bezeichnete (17 %) bekommen ca. 1,1 Nummern pro Monat, die Gruppe „durchschnittlich erfolgreich" (57 %) bekam 0,4 Nummern und „weniger erfolgreich" (23 %) lediglich alle fünf Monate eine Telefonnummer. [Quelle: Umfrage Trend Research]

gang auf den nächsten benötigt wird. Beim Affärenwechsel tritt ein ganz ähnliches Phänomen auf: Der Balzvorgang ist oft zeitaufwendig, und währenddessen stehen Sie, sollten Sie Ihre Bedürfnisse nicht anderweitig decken können, erst mal alleine da.

Rüstzeiten sind klar zu unterscheiden von klassischen Mangelzuständen. Ihre Ursache liegt nicht in einem fehlenden Bestand, sondern hat eher administrative Gründe. Sie führen lediglich zu einer kurzfristigen Versorgungslücke, da eine neue Affäre bereits in Aussicht steht. Deswegen ist die Bedeutung der Rüstzeiten für die Vermeidung von Versorgungslücken im Vergleich zur Akquise und zum Konsum als gering einzuschätzen.

Dennoch: Rüstzeiten können eine kurzfristige sexuelle Unterversorgung verursachen – und sollten somit möglichst vermieden, zumindest jedoch so kurz wie möglich gehalten werden. Lassen Sie uns deswegen diesen Punkt der Vollständigkeit halber in die Untersuchung aufnehmen.

Um es noch einmal zusammenzufassen: Versorgungslücken können zurückgeführt werden auf:

- konsumbasierte Probleme (zu hoher Verbrauch Ihrer Ressourcen)
- akquisebasierte Probleme (mangelnder Nachschub)
- zu lange Rüstzeiten

Lassen Sie uns nun ins Detail gehen und diese drei Punkte einmal genauer beleuchten.

A. Konsumbasierte Probleme

Um konsumbasierte Probleme zu vermeiden, ist ein genaues Verständnis der Ursachen erforderlich. Lassen Sie mich Ihnen diese deswegen noch einmal an einem Beispiel verdeutlichen: Sie haben in den letzten drei Wochen zwei hochklassige Frauen (nennen wir sie Susanne und Annette, beide durchaus eine Sünde wert) kennen gelernt. Sie stürzen sich mit beiden gleichzeitig in ein Abenteuer. Irgendwann bekommen die beiden Wind von der Sache und stellen Sie vor die Wahl: „Entweder sie oder ich" – so sind Frauen nun mal. In diesem Moment haben Sie eine der beiden Affären in den Sand gesetzt, wenn nicht sogar beide! Nehmen wir wohlwollend den für Sie günstigeren Fall an, dass wenigstens Annette – die Dame Ihrer Wahl – Ihnen nach einer Klarstellung dieses grässlichen Missverständnisses wieder gnädig ist. Eine Affäre dauert aber im Durchschnitt nur etwa sechs Wochen[7]. Und wenn irgendwann auch die Affäre mit Annette zu Ende ist, stehen Sie, sollte sich bis dahin keine weitere, zusätzliche Bekanntschaft ergeben haben, plötzlich alleine da!

Hätten Sie es stattdessen mit Susanne bei einer platonischen Bekanntschaft belassen, hätten Sie sich nach dem Ende der Affäre mit Annette Susanne widmen können und wären versorgt gewesen. Durch eine lineare Abarbeitung (sprich eine nach der anderen) hätten Sie also bei gleicher Menge an vorhandenen Ressourcen länger eine schöne Zeit gehabt – ohne dass Sie auf etwas hätten verzichten müssen. Sie sehen:

Ein wirtschaftlicher Umgang mit Ihren Beständen
kann helfen, Versorgungslücken zu vermeiden![8]

Grundsätzlich gibt es zwei Ursachen für Ressourcenverschwendung:
- parallele Bearbeitung zweier Affären
- „Blinder-Ritter"-Phänomen

---

[7] Single-Männer gaben im Durchschnitt eine Affärenlänge von 5,4 Wochen an, wobei nur 23 % eine durchschnittliche Affärenlänge von mehr als 8 Wochen hatten. Frauen gaben eine durchschnittliche Länge von 7,26 Wochen an, 41 % der Frauen hatten eine durchschnittliche Affärenlänge von mehr als 8 Wochen. [Quelle: Umfrage Trend Research]

[8] Diese einfache Erkenntnis scheint sich auch schon herumgesprochen zu haben:
• Männer die seltener als einmal im Monat oder nie eine Frau ansprechen, haben um 17 % längere Affären als solche, die häufiger als einmal im Monat eine Frau ansprechen.
• Männer die häufiger als einmal im Monat eine Frau ansprechen, sind in ihren Affären 15 % häufiger derjenige, der die Affäre beendet, als solche, die weniger als einmal im Monat oder nie eine Frau ansprechen. [Quelle: Umfrage Trend Research]

[9] 39 % der befragten Single-Männer und 42 % der befragten Single-Frauen hatten bisher mindestens einmal im Leben zwei gleichzeitige Affären.

A1. Parallele Bearbeitung zweier Affären

Niemand wird bestreiten, dass ein kopfloses Hineinstürzen in Neueroberungen sehr leicht zu parallelen Affären führt[9]. Unter der Annahme, dass die durchschnittliche Affärenlänge immer gleich ist, bedeuten parallele Affären jedoch per se einen höheren Verbrauch (siehe Abb. 2, nächste Seite). Das ist vergleichbar mit dem Kerzenverbrauch eines Kerzenständers mit mehreren Kerzen. Wenn ein einzelner Kerzenständer eine Kerze pro Stunde verbraucht, so wird ein Leuchter mit zwei Kerzen derselben Sorte eben zwei Kerzen pro Stunde verbrauchen – er hat den doppelten Verbrauch. Bei Affären ist das nicht anders. Haben Sie immer zwei gleichzeitige Affären, so wird Ihr Verbrauch auch doppelt so hoch sein.

Und das ist noch nicht alles. Die Ineffizienz wird gegenüber dem Kerzenständer durch einen weiteren Effekt verschärft: Überschneiden sich Ihre Affären, besteht auch eine höhere Konfliktgefahr. Fliegt Ihr doppeltes Spiel auf, ist wahrscheinlich mindestens eine Affäre vorzeitig beendet (s. o. Susanne und Annette). Konflikte entstehen auch, wenn die Damen nicht die Zuwendung bekommen, die sie gerne hätten. Auch dieses Problem taucht bei parallel laufenden Affären mit höherer Wahrscheinlichkeit auf. Sie müssen Ihre Aufmerksamkeit auf mehrere Objekte verteilen, weswegen die einzelne Dame naturgemäß weniger Zuwendung bekommt. Und das kann zum Abbruch der Affäre durch die Dame oder noch schlimmer zu einer Abwerbung durch einen Nebenbuhler führen.

Bei steigendem Überschneidungsgrad wird die
durchschnittliche Affärendauer immer kürzer.

Sprich: Haben Sie immer zwei gleichzeitige Affären, so wird Ihr Verbrauch im Vergleich zur linearen Abarbeitung wahrscheinlich nicht nur doppelt so hoch, sondern eher noch höher sein – weil bei Ihnen die einzelne Affäre eben kürzer ist.

Und das ist immer noch nicht alles. Je schärfer eine Braut ist, desto einfacher ist es für sie, jemand anderen zu finden und desto weniger wird sie sich von Ihnen bieten lassen. Und desto mehr Aufmerksamkeit wird sie gewöhnt sein. Der eben genannte Effekt der Affärenverkürzung tritt

Je früher nach Beginn einer Affäre parallel die nächste begonnen wird, desto höher ist der Verbrauch

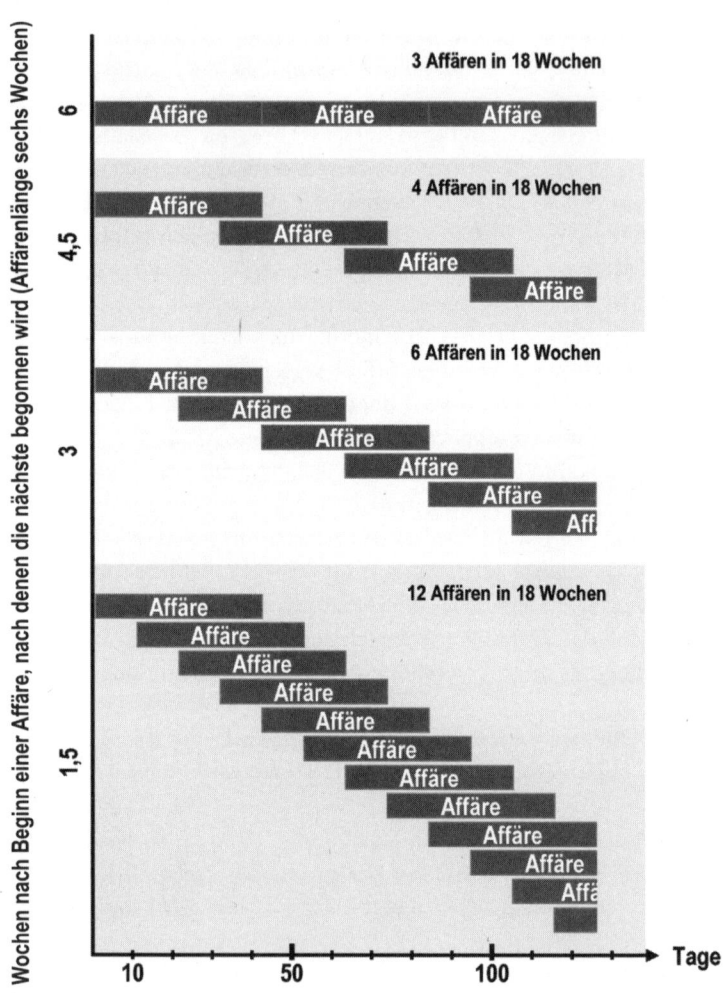

Abbildung 2 – Überlappung von Affären

deswegen umso stärker auf, je attraktiver die Dame ist. Parallele Bearbeitung verkürzt also gerade die Affären signifikant, deren Verlust am meisten schmerzt. Ein Beispiel: Stellen Sie sich vor, Sie haben zwei Affären gleichzeitig – eine mit einem Exemplar der Qualitätsklasse Mauerblümchen und die andere mit einem wunderschönen Paradiesvogel. Fliegt die Sache auf, dürfen Sie raten, wer von beiden – wenn überhaupt – bei Ihnen bleibt. Richtig! Viel Spaß mit dem Mauerblümchen! Und selbst wenn Sie die Sache geheim halten können: Mit tödlicher Sicherheit wird Ihr Paradiesvogel sich als Erstes über mangelnde Aufmerksamkeit beschweren und abflattern oder gar einen anderen Mann mit seinen hübschen Federn schmücken. Mit dem Mauerblümchen dagegen können Sie dieses Spielchen wahrscheinlich noch ewig spielen.

Fazit: Je höher der Überschneidungsgrad Ihrer Affären, desto höher ist Ihr Verbrauch. Dieser steigt nicht nur einfach proportional zum Überschneidungsgrad, sondern exponentiell dazu (siehe Abb. 3). Zusätzlich verkürzen sich die Affären aufgrund der höheren Konfliktgefahr bei Überschneidung – und besonders schnell werden sich die Flaggschiffe Ihrer Flotte verabschieden.

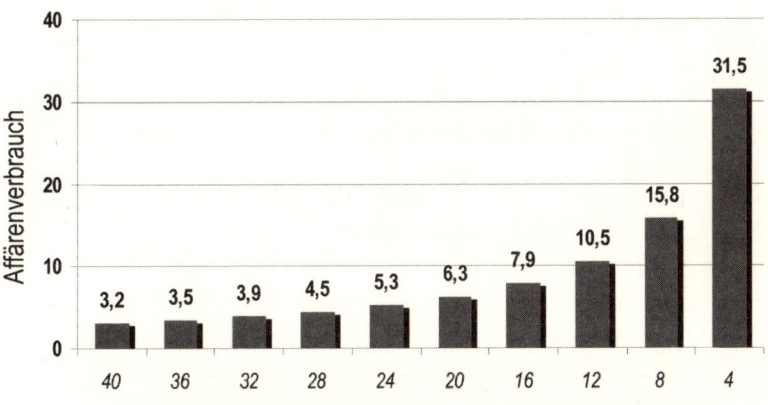

Abbildung 3 – Affärenverbrauch bei steigender Affärenüberschneidung

A2. „Blinder-Ritter"-Phänomen

Neben der parallelen Bearbeitung ist dies die zweite Ursache für Verschwendung von Ressourcen. Das „Blinder-Ritter"-Phänomen tritt entweder auf bei

* Männern, die unter längerem Affärenmangel leiden
* Männern, die ihre aktuelle Affäre einfach von den Socken haut

Diese stürzen sich häufig blind (daher der Name dieses Effekts) mit allem, was sie haben, auf die Frau, lesen ihr jeden Wunsch von den Lippen ab und sind ihr völlig ergeben. Dieses Verhalten führt jedoch häufig dazu, dass die Frau die Affäre beendet. „In der Liebe gewinnt der, der wegläuft" – jeder von uns hat dies schon einmal schmerzlich zu spüren bekommen.

Es gibt zwei Erklärungen für diesen Effekt. Die erste basiert auf einem Phänomen, das Sie mit Sicherheit schon einmal bei sich selbst beobachten konnten:

Je schwieriger es ist, einen Partner zu erobern,
desto mehr ist er einem wert.[10]

Die Ursache dafür ist die folgende: Jede Dame möchte den qualitativ besten Kerl, den sie bekommen kann. Sollte sie ihm begegnen, wird dieser nur schwer zu überzeugen sein, weil sie am oberen Ende ihrer Fahnenstange akquiriert. Läuft der Mann der Dame hinterher, kann er aus ihrer Sicht also nicht der Beste sein, weil er zu einfach zu bekommen ist. Sprich: Ihr Interesse sinkt.

Die zweite Ursache werden Sie auch schon häufiger beobachtet haben. Sind Sie permanent präsent, sei es in Person oder über Kommunikations-

---

[10] 55 % aller Single-Frauen wissen einen Partner mehr zu schätzen, wenn es schwierig war, ihn zu erobern. (Frage: „Wissen Sie einen Partner mehr zu schätzen, wenn Sie es als schwierig empfunden haben, ihn zu erobern?") [Quelle: Umfrage Trend Research]

hilfen wie Telefon oder E-Mail, kommt Ihre Affäre gar nicht dazu, Sie zu vermissen. Diese Momente des Vermissens sind jedoch sehr wichtig, damit die Frau eine echte Wertschätzung für Sie entwickeln kann. Wenn die Dame diese Momente nicht hat, reißt sie sich auch nicht darum, Sie sehen zu dürfen.

Das „Blinder-Ritter-Phänomen" ist mittels dieser beiden Mechanismen die Ursache für das tragische und vor allen Dingen frühzeitige Ende vieler potenziell wundervoller Affären. Haben Sie also ein Auge auf sich und laufen Sie Ihren Frauen nicht hinterher – egal wie gern Sie sie sehen würden.

Fazit: Die Vermeidung von Parallelaffären und des „Blinder-Ritter"-Effekts kann also helfen, den Konsum in Grenzen zu halten und so Versorgungslücken zu vermeiden.

Allerdings: Wenn der Nachschub nicht stimmt, hilft die größte Sparsamkeit nichts – irgendwann steht man trotzdem alleine da. Eine funktionierende Akquise ist deswegen für die Vermeidung von Versorgungslücken mindestens genauso wichtig wie ein moderater Konsum.

B. Akquisebasierte Probleme: Einführung

Wenn man die akquisebasierten Probleme betrachtet, muss man von Anfang an zwei Ausprägungen ganz klar unterscheiden: Ein chronisch niedriges Akquisepotenzial und eine lediglich temporäre Schwankung desselben[11].

Ersteres macht das Leben äußerst beschwerlich, und jeder betroffene Mann wünscht sich nichts mehr als einen größeren Erfolg bei Frauen. Von vielen Vertretern dieser Gruppe werden Sie deswegen Dinge hören wie: „Ich wirke nun einmal nicht so attraktiv auf Frauen" oder Ähn-

---

[11] Insgesamt sind ca. 40 % der Single-Männer unzufrieden mit der Anzahl an Frauen, die sie kennen lernen, leiden also unter Akquiseschwäche. 16 % sind „sehr zufrieden", weitere 44 % „zufrieden". [Quelle: Umfrage Trend Research]

liches. Dazu habe ich auf meiner Weltreise ein wunderbar passendes
Schild am Straßenrand gesehen, und zwar mit folgendem Text:

Gott sorgt für genug Futter für alle Vögel,
er wirft es ihnen nur nicht immer ins Nest.

Gemeint ist damit Folgendes: Man muss natürlich zugeben, dass unterschiedliche Attraktivitätsgrade sowohl bei Männern als auch bei
Frauen nun einmal existieren – was den Rahmen Ihrer Möglichkeiten ein
wenig einschränken mag. Aber: Dieser individuelle Rahmen der Möglichkeiten in Bezug auf das Kennenlernen von Frauen ist nichts, was Ihnen unveränderlich in die Wiege gelegt wurde, sondern etwas, was Sie
selbst sehr stark beeinflussen können. Zugegeben, man kann sich nicht
von einem absoluten Antityp in einen Kerl verwandeln, bei dem die Mo-
dels Schlange stehen. Aber mit ein wenig Mühe, Zivilcourage sowie dem
nötigen Know-how kann jeder regelmäßig Frauen kennen lernen. Und damit meine ich nicht lediglich eine Frau im Jahr, nicht einmal nur eine im
Monat. Wenn Sie wollen, können Sie jede Woche eine kennen lernen. Sie
müssen sich nur aufraffen und etwas dafür tun! (Dazu später mehr.)

Wenden wir uns zunächst noch kurz der zweiten Diagnose, dem ständigen Schwanken des Akquisepotenzials, zu. Viele von uns kennen das:
Mal läuft es wie geschmiert, an anderen Tagen können wir uns auf den
Kopf stellen und bekommen trotzdem nicht einmal einen müden Blick
von einer Frau zugeworfen. Woran liegt das? Und wie kann man diese
lästigen Schwankungen minimieren und immer möglichst nah am Opti-
mum seiner Möglichkeiten arbeiten?

Zur Lösung sowohl des einen als auch des anderen Problems muss
man zunächst einmal klären, welche Faktoren überhaupt bestimmend
für das Akquisepotenzial sind. Im Laufe der diesem Buch vorangehenden
Untersuchungen konnten vier Faktoren identifiziert werden, die das
Akquisepotenzial positiv oder negativ beeinflussen:

1. *Die mentale Verfassung im Moment der Eroberung:* Sind Sie gut
gelaunt und voller Selbstvertrauen, haben Sie natürlich eine höhere Abschlusswahrscheinlichkeit als an einem Tag, an dem ohnehin alles schiefläuft.

2. *Der Marktwert:* Hält die Dame, die Sie gerade angesprochen haben, Sie für eine gute Partie, dann kann Ihr Einstiegstext durchaus von zweifelhafter Qualität sein – Sie haben dennoch eine reelle Chance, bei ihr zu landen. Andersherum werden Sie, wenn eine Frau Sie als Restposten klassifiziert, den geistreichsten Spruch der Welt bringen können und fangen sich womöglich trotzdem einen Korb ein.

3. *Die Technik und das Training:* Das Verführen von Frauen ist schlicht und einfach auch Technik. Wenn Sie im Training sind, können Sie die richtigen Knöpfe instinktiv drücken und haben eine bessere Abschlussquote. Zudem werden Sie auch weniger mit Schüchternheit zu kämpfen haben, die die Akquise von jungen Damen schon in einem Stadium scheitern lassen kann, in dem sie eigentlich noch nicht einmal begonnen hat[12].

4. *Die äußeren Umstände:* Niemand wird bestreiten, dass die Aussichten auf eine erfolgreiche Akquise von den äußeren Umständen abhängen. Sitzen Sie nur faul auf dem Sofa, brauchen Sie nicht darauf zu hoffen, dass zufällig Ihre Traumfrau vorbeikommt! Nur wenn Sie ausreichend Berührungspunkte mit anderen Menschen haben, lernen Sie auch neue Menschen kennen. Und selbst dann gibt es immer noch unterschiedlich günstige Konstellationen. Wenn Sie nachts um eins in einem Club bei ohrenbetäubender Musik eine Frau ansprechen, ist das sicher ein schwierigeres Umfeld, als wenn Sie bei einem Dinner mit Freunden neben ihr platziert werden. Die äußeren Umstände haben also einen durchaus signifikanten Einfluss auf das Akquisepotenzial.

Welche dieser Einflussfaktoren sind nun verantwortlich für die vorübergehenden Schwankungen des Akquisepotenzials? Weder die Technik noch der Marktwert oszillieren so stark, als dass sie allein Ursache dafür sein könnten. Die äußeren Umstände scheiden ebenso aus, da besagte Schwankungen selbst bei perfektem Umfeld, sagen wir bei einem Ken-

---

[12] 96 % aller befragten Frauen sind Selbstsicherheit und Souveränität bei Ihrem zukünftigen Partner wichtig (46 % sehr wichtig). [Quelle: Umfrage Trend Research]

nenlerntreffen für Singles, immer noch zu beobachten sind. Die hauptsächliche Ursache ist also in der mentalen Verfassung zu suchen.

Diese Feststellung führt uns zu einer weiteren interessanten Erkenntnis: Da die drei anderen genannten Faktoren (Marktwert, Technik und Training, äußere Umstände) weniger stark schwanken als die mentale Verfassung, ist in ihnen sehr wahrscheinlich die Ursache für einen permanent schlechten Nachschub zu finden.

So viel zu den generellen Zusammenhängen. Wie aber können Sie nun Ihr Akquisepotenzial konkret verbessern?

C. Akquisebasierte Probleme: die mentale Verfassung

Ich möchte mit dem Vergleich zweier Beispiele aus dem Leben unseres fiktiven Probanden Paul beginnen (wir werden ihm im Laufe des Buches noch öfter begegnen), um Ihnen die entscheidende Rolle der mentalen Verfassung für den Jagderfolg zu verdeutlichen. Ich bin mir sicher, Sie haben beide Szenarien schon einmal erlebt.

Szenario eins: Paul hat gestern Abend die Nummer von einer Superfrau eingesammelt, bei der er demnächst ganz spontan anrufen wird. Heute hatte er einen wunderbaren Start in den Abend. Zuerst wurde gemütlich mit den Jungs bei ein paar Bier vorgeglüht, alte Geschichten erzählt und sich prächtig amüsiert. Danach ging es gut gelaunt auf in die nächste Bar, wo sofort die erste Runde geordert wird.

Szenario zwei: Paul ist vor zwei Wochen von seiner letzten Affäre verlassen worden, wodurch er sich seit exakt diesem Zeitpunkt zwangsläufig in Enthaltsamkeit geübt hat. Er hat noch bis neun Uhr gearbeitet und ist eigentlich todmüde, andererseits aber zu spitz, um vor dem Fernseher zu versacken. Also ruft er einen Kumpel an, dem es genauso geht, und beide schauen noch mal in einer Bar vorbei. Dort stehen sie an der Theke bei einem Bier und schauen den Frauen hinterher.

Ich brauche Ihnen nicht zu sagen, in welcher der beiden Situationen Paul wahrscheinlich alleine nach Hause geht, oder? Der entscheidende Unterschied zwischen den beiden Szenarien ist die aktuelle mentale Verfassung. Wenn Sie, wie in Beispiel eins, voller Selbstvertrauen und gutgelaunt sind, können Sie Ihren ganzen Charme und Humor auch zur Geltung bringen. Sie können die Frauen zum Lachen bringen – und das ist der Schlüssel zu ihren Herzen[13]! Sind Sie dagegen, wie Paul in Beispiel zwei, traurig, einsam oder haben Sorgen, dann ist Ihnen Ihr Wortwitz eventuell gerade abhanden gekommen und Sie wirken weniger sympathisch. Ihre Erfolgschancen sinken. Je besser also Ihre mentale Verfassung, desto größer Ihre Chance auf einen erfolgreichen Abschluss.

Man kann bei der mentalen Verfassung zwei Arten von Einflussfaktoren bestimmen. Erstens Faktoren, die in irgendeiner Weise mit Ihren Affären zusammenhängen (genauer gesagt mit den nicht vorhandenen Affären). Das sind „Entspanntheit durch ausreichenden Bestand" und das „Selbstvertrauen durch Bestandsqualität". Zweitens Faktoren, die unabhängig von Ihrem Affärenbestand sind. (Ich habe diese Faktoren unter „sonstige stimmungsbeeinflussende Faktoren" zusammengefasst.)

Je nachdem, welche Faktoren für die schlechte mentale Verfassung verantwortlich sind, wird eine andere Lösungsstrategie erforderlich sein. Lassen Sie uns zunächst zum ersten Problemkreis kommen: der schlechten mentalen Verfassung aufgrund eines unzureichenden Affärenbestands.

Da gibt es zunächst die Männer, bei denen ein affärentechnischer Mangel der Normalzustand ist. Diese Männer haben permanent mit ihrer Aufrissinsuffizienz zu kämpfen und sind deswegen trübsinnig. Weil ihre Grundbedürfnisse nicht erfüllt sind, sind sie häufig verkrampft, melancholisch, genervt – und das macht ihre Erfolgswahrscheinlichkeit bei der Akquise noch geringer, als sie ohnehin schon ist. Oder noch schlimmer: Weil sie wissen, dass sie schlechte Chancen haben, starten sie gar nicht erst den Versuch einer Eroberung. Und dann wird sich auch nichts

---

[13] Keine Eigenschaft wurde von den befragten Frauen bei einem Mann so wichtig bewertet wie Humor. 99 % bewerteten diese Eigenschaft als zumindest „wichtig", 76 % sogar als „sehr wichtig". (Frage: „Wie wichtig sind Ihnen folgende Eigenschaften bei einem Mann?") [Quelle: Umfrage Trend Research]

in ihrem Beutesäckel finden. Der nicht vorhandene Bestand ist also sowohl Ursache als auch Folge der schlechten mentalen Verfassung, und so befindet man sich ganz schnell in einem Teufelskreis. Natürlich gibt es eine Menge Möglichkeiten, wie Sie Ihre Laune kurzfristig verbessern können. Schnappen Sie sich Ihr Surfbrett, gehen Sie klettern oder laufen! Sport hilft immer, um auf andere Gedanken zu kommen und bessere Laune zu kriegen. Nicht umsonst empfehlen viele Psychologen bei einem mentalen Tief Bewegung und Tageslicht. Oder machen Sie irgendwas anderes – Sie kennen sich selbst am besten, Sie wissen, was Sie auf andere Gedanken bringt. Aber haben Sie im Hinterkopf: Sie müssen grundsätzlich etwas an Marktwert und Akquisetechnik verändern – Ablenkungsmaßnahmen wie Sport lindern nur etwas die Symptome, gehen aber nicht die Ursache des Problems an (konkrete Tipps dazu folgen in den Kapiteln „Der Marktwert" und „Die Technik und das Training").

Aber auch wenn es um Ihre Akquisefähigkeit im Grunde nicht schlecht bestellt ist, kann ein intelligentes Affärenmanagement einiges dazu beitragen, Ihr Akquisepotenzial durchgängig konstant und hochzuhalten. Und zwar durch die oben bereits genannten Mechanismen „Entspanntheit durch ausreichenden Bestand" und „Selbstvertrauen durch Qualität".

C1. Entspanntheit durch ausreichenden Bestand

Wer einen ausreichenden Bestand zur Verfügung hat, kann entspannt und ohne Druck auf Akquise gehen – was meistens dem Erfolg sehr zuträglich ist. Zur Erinnerung: „Bestand" haben wir definiert als „die Menge an jungen Damen, die Sie bereits kennen und die entweder a) zu einer Affäre mit Ihnen bereit sind oder b) bereits eine mit Ihnen hat".

Steht Ihr Bestand hingegen gerade mal wieder auf null, sind Sie tendenziell niedergeschlagen, einsam, haben weniger Selbstvertrauen und befinden sich in Zugzwang – sehr ungünstige Voraussetzungen für eine erfolgreiche Eroberung! Es ist deshalb schwierig, in einer solchen Verfassung gute Laune rüberzubringen. Frauen bemerken sofort, wenn ein Mann verzweifelt auf der Suche ist. Eine solche Situation ist bekannt als das „Einsamer-Wolf"-Phänomen. Wenn Sie alleine in einer Bar stehen und sich ständig nach den umstehenden Frauen umschauen, dann werden diese bemerken, dass Sie schwer auf der Suche sind. Und reagieren in der Regel abweisend[14]. Glauben Sie mir: Frauen hören das Heulen eines einsamen Wolfs auf große Distanzen und halten fünf Meter Sicherheitsabstand – mindestens.

Je verzweifelter Sie also suchen, desto schwieriger wird es, erfolgreich zu akquirieren. Sind Sie dagegen rundum versorgt, können Sie alles gut gelaunt auf sich zukommen lassen. Der Bestand von heute bestimmt durch diesen Mechanismus zu einem guten Teil die Erfolgsaussichten bei der Akquise und damit den Bestand von morgen. Diese Interdependenz zwischen Akquise und Bestand führt nur zu leicht in einen Abwärtsstrudel, aus dem man nur schwierig wieder herauskommt. Um die Laune zu heben, müsste man eigentlich mehr Frauen kennenlernen, aber die Ursache des Problems liegt eben genau in dieser temporären Unfähigkeit, für ausreichenden Nachschub an Klassefrauen zu sorgen.

Ist das Kind also erst einmal in den Brunnen gefallen, ist guter Rat teuer. Natürlich kann es irgendwann einmal auch wieder aufwärts gehen. Aber besonders, wenn noch andere Faktoren zusätzlich auf die Laune drücken, kann das recht mühselig sein und sehr lange dauern. Es gilt somit, eine solch prekäre Lage möglichst präventiv zu vermeiden – und das geht wesentlich besser durch einen moderaten Konsum. Hätte der einsame Paul aus Szenario zwei noch eine Dame aus seinem Bestand in petto gehabt, hätte er sich mit ihr zusammen einen schönen Abend mit Pizzaservice, DVD und einigen Kapiteln aus dem Kamasutra machen können, anstatt erfolglos in der Bar herumzuhängen. Ausgeruht und mit besserer Laune wäre die nächste Tour mit seinem Kumpel sicherlich erfolgreicher ausgefallen. Verschwenden Sie also Ihre vorhandenen Ressourcen an jungen Damen nicht – dann ist die Wahrscheinlichkeit, sich plötzlich einer Nullsituation mit einer entsprechend schlechten mentalen Verfassung gegenüberzusehen, geringer.

---

[14] 59% der befragten Frauen sagten, wenn Sie in einer Bar sehen, dass ein Mann offensichtlich „auf der Suche" ist, macht ihn das eher unattraktiv. (Frage: „Wie beeinflusst es die Attraktivität eines Mannes, wenn Sie in einer Bar erkennen, dass dieser Mann ganz offensichtlich ‚auf der Suche' nach einer Frau ist?") [Quelle: Umfrage Trend Research]

C2. Selbstvertrauen durch Qualität

Haben Sie einmal auf dem Gipfel eines Berges der Klasse 6 gestanden, dann haben Sie sich bewiesen, dass Sie diesen Schwierigkeitsgrad meistern können. Stehen Sie zu einem späteren Zeitpunkt vor einem anderen, ähnlich anspruchsvollen Berg, sind Sie sich bewusst, dass Sie eine gute Chance haben, auch diesen erfolgreich zu besteigen. Und das lässt Sie die Sache sehr viel selbstsicherer angehen.

Dieser Effekt lässt sich auch bei der Akquise beobachten. Während bei der Eroberung von Durchschnittsfrauen in der Regel ein gewisses Selbstvertrauen vorhanden ist, stellt sich bei hochklassigen Frauen rasch Unsicherheit ein. Haben Sie jedoch erst einmal ein paar Damen von absolutem Spitzenformat verzaubert, werden Sie selbst bei diesen eine höhere Abschlusswahrscheinlichkeit an sich beobachten können. Sie sind selbstsicherer, damit wesentlich entspannter und können Ihren ganzen Charme in die Waagschale werfen. Je mehr Frauen einer bestimmten Qualitätsstufe Sie also in der Vergangenheit erobern konnten, desto größer wird Ihr Selbstvertrauen sein, das aktuell sich im Fadenkreuz befindliche Zielobjekt gleicher Qualität ebenfalls erobern zu können.

Wie immer, ist aber auch hier ein Haken an der Sache: Diese Zuversicht lässt sich nicht ewig konservieren. Wie beim Bergsteigen macht es einen Unterschied, ob Sie die letzte wirkliche Klassefrau vor einem Monat oder vor drei Jahren erobert haben. Haben Sie sich in der letzten Zeit ausschließlich mit grauen Mäuschen abgegeben, tritt der gegenteilige negative Effekt ein: Sie sind sich nicht sicher, ob das anvisierte weibliche Wesen noch Ihre Liga ist, und gehen mit dem Gedanken: „Eigentlich ist die eine Klasse zu hoch für mich" in die Defensive. Sie werden mit Sicherheit steif und verspannt wirken – was zu einer etwas beklemmenden Gesprächsatmosphäre und damit zu wesentlich geringeren Erfolgsaussichten führt.

Das Selbstvertrauen durch Qualität hängt also zu einem guten Teil von dem in der letzten Zeit akquirierten Qualitätslevel ab. Stehen bei Ihnen die wirklich heißen Frauen Schlange, wird Sie das mit dem Selbstvertrauen ausstatten, auch weiterhin auf demselben Niveau erfolgreich zu arbeiten – ist bei Ihnen qualitätsmäßig Ebbe, wird auch Ihr Selbstvertrauen und damit Ihr Akquisepotenzial kleiner. Wer im letzten Kapitel genau aufgepasst hat, wird schon wieder einen sich selbst verstärkenden Effekt und damit einen Teufelskreis entdeckt haben (schlechte Qualität – Verminderung des Selbstvertrauens – noch schlechtere Qualität).

Überhaupt: der Teufelskreis! Dieses Phänomen ist eins der am meisten gefürchteten! Insofern möchte ich Ihnen noch mitgeben, was heute in Bezug auf Präventiv- und Behandlungsmaßnahmen bekannt ist.

Erstens: Wer Höhenangst hat, klettert zur Bekämpfung derselben am besten auf einen Berg. Machen Sie's genauso: Wagen Sie von Zeit zu Zeit mal was und sprechen Sie eine echte Klassefrau an! Erleiden Sie eine Abfuhr – nun gut, das muss man wegstecken. Aber wer weiß, vielleicht klappt es ja – und dann wird es Ihnen 15 Abfuhren wert sein und Ihrem Selbstvertrauen einen echten Schub verpassen.

Doch Vorsicht: Dieser Schuss kann auch nach hinten losgehen! Bekommen Sie eine Packung nach der anderen verpasst, bekommt selbst ein Rhinozeros von Kerl irgendwann einen Knacks und verliert an Zuversicht. Diese Strategie ist also nicht ganz risikolos!

Deswegen sollten Sie zweitens parallel zu dem genannten Vorgehen auf einen schonenden Umgang mit Ihren bestehenden Ressourcen an Qualitätsdamen achten. Teilen Sie sich diese gut ein, ist die Chance größer, dass sich in Ihrem Pool immer ein Fischchen findet, an dem Sie Ihr Selbstvertrauen wieder aufrichten können. Fahren Sie also eine Doppelstrategie (Ausbau der Affärenressourcen und Bestandsschonung) – und Sie werden immer genug Selbstvertrauen bei der Eroberung von wirklichen Klassefrauen mitbringen!

So weit, so gut. Zumindest was die vom Affärenbestand abhängigen Einflussfaktoren auf die mentale Verfassung angeht. Was bleibt, sind die davon unabhängigen Faktoren – die „sonstigen stimmungsbeeinflussenden Faktoren". Jeder kennt das: Man ist schlecht gelaunt, müde oder abgespannt, und plötzlich reagieren unsere Mitmenschen, insbesondere junge Damen, nur noch halb so interessiert. Man kassiert ein paar Abfuhren und fragt sich: „Wo zur Hölle ist mein Mojo?!" In einem solchen Fall versuchen Sie einfach mal Kleinigkeiten wie in neuen Klamotten aufzulaufen oder mal richtig auszuspannen. Das ist meistens schon absolut ausreichend, um derartigen Stimmungsschwankungen beizukommen.

Meist sind diese Phasen ohnehin nur von kurzer Dauer. Sie sind einfach Teil des täglichen Lebens, somit nicht wirklich zu verhindern und ehrlich gesagt auch nicht weiter schlimm. In der Regel ist man mit der nächsten Eroberung wieder obenauf.

Allerdings gibt es auch Dinge, die einem längerfristig und schwerwiegender auf der Seele drücken können. Ist die Ursache für die schlechte Laune nicht das Wetter oder ein vorübergehendes körperliches Unwohlsein, sondern z. B. permanenter beruflicher Ärger, kann man einfach nicht immer gut gelaunt sein. Stehen Sie gerade unter Druck wegen bevorstehender Prüfungen oder haben Sie Liebeskummer, dann wird es Ihnen schwer fallen, auf die Damenwelt locker und charmant zu wirken. Wichtig ist nun, dass Sie sich zunächst klarmachen, was die Ursache für Ihr Stimmungstief ist. Haben Sie diese identifiziert, dann heißt es: Vergessen Sie die Frauen zunächst und lösen Sie Ihr Problem! Wenn Sie die eigentliche Ursache angehen, schwinden die Symptome von allein und die Sonne wird wieder aufgehen. Alles andere ist nachrangig!

Wenn man nun ganz großes Pech hat, ist eine Lösung des Problems jedoch zurzeit nicht möglich, weil man selbst wenig an der Sachlage ändern kann. Ist z. B. ein Ihnen lieber Mensch schwer krank, dann werden Sie einfach abwarten müssen und der Dinge harren, die da kommen. Nun, solche Phasen haben wir alle im Leben und da gibt es nur eine Lösung: Da müssen Sie durch! Treffen Sie Freunde, lassen Sie sich von alten Liebschaften ein wenig auffangen. Machen Sie nicht den Fehler, jeden Abend in verzweifelter Suche nach weiblicher Gesellschaft durch die Bars zu laufen. Sie sind dann der „einsame Wolf" und werden Abfuhren kassieren, die Sie nur in noch niedergedrückterer Stimmung heimkommen lassen und Ihr Selbstvertrauen ruinieren. Außerdem verschleudern Sie so unnötig Ihre ohnehin schon begrenzten Kräfte, die Sie gerade jetzt für eine erfolgreiche Bewältigung der anderen wichtigen Dinge im Leben brauchen. Das soll aber nicht heißen, dass Sie die ganze Zeit zu Hause sitzen und sich eingraben sollen! Wenn Sie einen Anflug von guter Laune verspüren und sich die Gelegenheit bietet, dann gehen Sie auf jeden Fall mit Ihren Jungs auf Tour – denn unter solchen Umständen haben Sie auch Aussicht auf Erfolg.

D. Akquisebasierte Probleme: der Marktwert

Lassen Sie uns zunächst einmal die Frage klären, was in diesem Buch unter Marktwert verstanden wird. Die Antwort lautet: „Die Attraktivität eines Mannes, so, wie sie von einer Frau individuell nach dem ersten kurzen Eindruck eingeschätzt wird". Klingt simpel und ist es auch. Angenommen Sie lernen bei einem Geburtstag eines Freundes Carlotta kennen. Schon innerhalb der ersten Sekunde wird sie im Großen und Ganzen wissen, ob Sie in ihr Beuteschema passen oder nicht[15]. In den folgenden zehn Sekunden werden dann weitere Details wie Figur, Kleidungsstil, sozialer Status und Souveränität abgeschätzt. Carlotta wird dann schon nach dieser kurzen Zeit ziemlich genau sagen können, wo Sie bei ihr auf einer Attraktivitätsskala von eins bis zehn einzuordnen sind. Und genau dieser Wert ist Ihr Marktwert.

Der Marktwert ist eigentlich nur beim Einstieg in die Eroberung wichtig – letztendlich ausschlaggebend für den Erfolg ist die gegenseitige Sympathie bzw. ihr Gesamteindruck. Dennoch gebührt dem Marktwert zentrale Beachtung, denn jede Eroberung hat einen Anfang. Und wenn der schief läuft, ist das Kind eben in den Brunnen gefallen (schon wieder – das Arme), auch wenn man sich vielleicht bei längerem Kennenlernen wirklich sympathisch gewesen wäre. Anders herum macht ein guter Einstieg ein erfolgreiches Ende wahrscheinlicher.

Wir haben nun klargestellt, was der Marktwert ist und warum er so wichtig ist. Wie aber kommt er zustande? Es gibt letztendlich drei gemeinsame Nenner, auf die man im Laufe seines Männerlebens immer wieder trifft und nach denen Frauen unterschwellig suchen:

---

[15] Ob ein Mann ins „Beute-Raster" einer Frau passt, entscheidet das Gehirn der Frau bereits innerhalb der ersten Sekunde. Das Raster wird durch biologisches Erbe und individuelle Erfahrungen geprägt. In den folgenden zehn Sekunden gleicht die Frau den Mann mit ihren persönlichen Bedürfnissen ab. In dieser Phase werden blaue Augen, schöne Hände und Geldbeutel gecheckt. [Professor Henner Ertel, Leiter des Stuttgarter Instituts für Rationelle Psychologie, Studie des Stuttgarter Instituts über das weibliche Flirtverhalten in MATADOR (2004)]

1. *„Aura der Stärke"*: Ein Mann muss Souveränität ausstrahlen[16] und in der Lage sein können, ihr (und später eventuell den Kindern) emotionale und materielle Sicherheit zu bieten. Etwas archaisch – aber immer wieder zu bemerken.

2. *Ehrlichkeit und Treue*: Ein Mann muss glaubwürdig sein[17]. Sie muss sich auf ihn verlassen können. Ehrlichkeit und Treue sind für die Frau daher wichtige Kriterien bei der Partnerwahl[18]. Das kann man zwar nur begrenzt ausstrahlen – aber wenn zum Beispiel vor Ihrem Aufeinandertreffen schon in dieser Hinsicht über Sie gesprochen wurde, kann das durchaus Carlottas Eindruck von Ihnen bezüglich dieses Punktes in die eine oder andere Richtung lenken.

3. *Körperliche Attraktivität*: Nicht zuletzt suchen Frauen schlicht und einfach Männer mit einem guten Genpool, um sicherzustellen, dass mögliche Nachkommen später die bestmöglichen Anlagen mitbekommen. Auch etwas archaisch, aber wieso sollen nur bei uns Männern noch so viele Verhaltensmuster aus der Steinzeit anzutreffen sein?

Somit haben wir alle notwendigen Informationen beisammen, um zur eigentlichen Frage zu kommen: „Wie kann ich meinen Marktwert denn nun verbessern?"

Wie auch schon bei der mentalen Verfassung gibt es dabei Faktoren, die durch das Affärenmanagement zu beeinflussen sind, und solche, die andere Maßnahmen erfordern.

Leider erfordert die Verbesserung des Marktwerts mittels Affärenmanagements einen gewissen Mindestbestand an Frauen. Und der ist bei

---

[16] 96 % aller Frauen ist „Selbstsicherheit und Souveränität" bei ihrem Partner wichtig (50 %) oder sehr wichtig (46 %). [Quelle: Umfrage Trend Research]

[17] 99 % aller befragten Frauen war „Glaubwürdigkeit" bei ihrem Partner zumindest „wichtig", 72 % sogar „sehr wichtig". [Quelle: Umfrage Trend Research]

[18] „Ehrlichkeit" und „Treue" waren die beiden häufigsten ungestützten Begriffe, die bei der Frage „Welche Eigenschaften sind Ihnen bei einem Mann wichtig" genannt wurden. [Quelle: Umfrage Trend Research]

Männern mit grundsätzlichen Akquiseproblemen nun einmal nicht vorhanden. Lassen Sie uns also zunächst den Verbesserungsmaßnahmen zuwenden, die man auch ohne existierende Affären durchführen kann.

Die bestandsunabhängigen Einflussfaktoren auf den Marktwert sind körperliche Attraktivität und die Aura der Stärke. Über diese beiden Themen könnte man unzählige Abhandlungen schreiben. Machen wir es kurz:

Die körperliche Attraktivität: Ihre körperliche Attraktivität ist nichts, was auf ewig festgeschrieben und nicht zu beeinflussen ist. Wenn Sie den wirklichen Willen dazu haben, können Sie daran arbeiten. Wichtig ist, dass Sie sich den Schubs geben und sich einmal ehrlich im Spiegel anschauen. Das fängt bei der Kleidung an. Kleider machen nun mal Leute. Sicherlich wird Ihre große Liebe sie auch in alten Pyjamahosen lieben – aber:

*Ihre inneren Werte kann man leider nicht
gleich auf den ersten Blick erkennen.*

Und dieser erste Eindruck ist DAS entscheidende Kriterium über Wohl und Wehe eines Akquiseversuchs. Auch wenn einen diese Oberflächlichkeit unter Umständen stört: Ihre Kleidung sagt viel über Sie aus, und der erste Eindruck Ihres Gegenübers wird zum großen Teil von Ihrem Stil abhängen.

Fragen Sie sich also einmal ehrlich, was Ihre äußere Erscheinung, also Kleidung und Haarschnitt, für einen Eindruck auf andere macht. Oder noch viel besser: Fragen Sie andere danach. Und wenn Sie es einrichten können, niemanden, mit dem Sie schon lange befreundet sind. Wer Sie schon zu lange kennt, kann und wird nicht unvoreingenommen sein. Ideal ist das folgende Szenario (auch wenn es ein bisschen Mumm erfordert): Fragen Sie eine Frau, die Sie erst vor kurzem kennen gelernt haben (das muss keine Eroberung sein) nach ihrem ersten Eindruck von Ihnen. Am besten nicht, wenn sie nüchtern ist, sondern wenn ihr schon ein paar Drinks die Zunge gelöst haben. Sie wissen ja: In vino veritas – das steigert Ihre Chancen auf eine ehrliche Antwort erheblich. Vielleicht wird es ein bisschen peinlich für Sie und sie denkt, Sie sind ein Vollspinner. Aber hinterher sind Sie eventuell um ein ernst gemeintes, unvoreingenommenes

Feedback schlauer. Und vielleicht wird Ihnen dadurch klar, dass der erste Eindruck, den Sie momentan vermitteln, gar nicht der ist, den Sie vermitteln wollen. Mit dieser Erkenntnis haben Sie schon den ersten Schritt zur Veränderung getan. Jetzt brauchen Sie nur noch den Mumm, auch etwas an Ihrem Stil zu ändern. Haben Sie eine Freundin, von der alle sagen, dass sie gut angezogen ist? Perfekt! Schnappen Sie sie sich, sagen Sie ihr, was Sie vorhaben, gehen Sie mit ihr einkaufen und zum Friseur! Sie werden überrascht sein, wie sehr sich Ihr erster Eindruck auf Frauen verändern kann.

Abgesehen davon: Nicht nur Kleider machen Leute – sondern auch das, was in der Designerschale drinsteckt. Sie gehen doch auch lieber mit einer schnittigen Formel-1-Frau ins Bett als mit einer unförmigen Sofakartoffel, oder? Bei Frauen ist das nicht anders. Also – tun Sie was für sich! Gehen Sie ins Fitnesscenter, lassen Sie sich einen Trainingsplan machen und auf geht's. Das ist zwar nichts, was sich von heute auf morgen verändern wird. Aber wenn Sie ein halbes Jahr am Ball geblieben sind, werden Sie eine echte Veränderung merken. Machen Sie einfach mal ein Nacktfoto vor und nach diesen sechs Monaten – Sie werden von sich überrascht sein!

Außerdem werden Sie bei einer Veränderung der äußeren Erscheinung ein interessantes Phänomen an sich beobachten können: Eine Veränderung Ihres Aussehens wird immer auch Ihre Ausstrahlung grundlegend verändern. Am Anfang wird wahrscheinlich eine gewisse Diskrepanz zwischen Ihrem Eigenbild und dem, was Fremde sich von Ihnen machen, bestehen. Sie werden sich am Anfang vorkommen, als säßen Sie in einem Eindruck schindenden Leihwagen. Aber wenn Sie über eine längere Zeit anerkennende Blicke und Kommentare bekommen haben, dann wird sich irgendwann auch Ihre Selbsteinschätzung verschieben. Und dann wird der Leihwagen bald Ihr eigener sein. Sie werden dann nicht nur de facto besser aussehen. Viel wichtiger: Sie werden sich auch attraktiver fühlen – mit allen positiven Folgen für Ihr Selbstvertrauen und Ihre Ausstrahlung!

Das Aussehen ist aber nun bei uns Männern bei weitem nicht alles. Während es bei den Frauen zu einem großen Teil die Gesamtattraktivität bestimmt, ist es bei uns lediglich ein Punkt unter mehreren[19]. Nicht umsonst verblasst die Mister-Universum-Wahl, wenn man Sie mit der Veranstaltung zur Kür der Miss World vergleicht! Neben der körperlichen Attraktivität wird der Marktwert maßgeblich durch die bereits genannte „Aura der Stärke" bestimmt.

Aura der Stärke: Frauen mögen Souveränität, weil sie ihnen die Sicherheit verspricht, auf die sie durch die Evolution konditioniert wurden. Wie entsteht diese „Aura der Stärke"? Nun, ganz einfach: Wenn Sie sich selbst stark und zufrieden fühlen, werden Sie auch Souveränität ausstrahlen. Haben Sie wenig Selbstvertrauen und hinterlassen einen unsicheren Eindruck, werden Sie wesentlich weniger attraktiv auf Frauen wirken. Sie können das an einem ganz banalen, eigentlich völlig idiotischen Beispiel ausprobieren. Nehmen Sie einfach mal den folgenden Satz wörtlich: „Der Mann hat das Selbstvertrauen, seinen eigenen Weg zu gehen." Angenommen, Sie haben gerade eine Frau kennen gelernt und gehen mit Ihr durch die Stadt. Dann werden Sie immer wieder in Situationen kommen, wo Sie selbst den einen Weg und Ihre Begleitung einen anderen, genauso möglichen Weg gehen will. Z. B. so etwas wie „Rolltreppe oder normale Treppe". Sie geben nun sofort Ihre Entscheidung auf und folgen der Dame. Über den Abend gibt es eventuell nun eine ganze Menge solcher klitzekleiner Gelegenheiten. Wenn Sie die Frau nun immer die Entscheidung treffen lassen, werden Sie merken, wie sich bei Ihrer Begleitung ein Gefühl entwickelt, Sie würden ihr hinterherlaufen und hätten keine eigene Richtung. Das wirkt unattraktiv. Haben Sie dagegen eine klare Richtung, wirkt dies souverän und anziehend.

Fangen Sie jetzt aber bloß nicht an, auf Teufel komm raus die Dame Ihres Begehrens immer hinter sich herlaufen zu lassen. Aufgesetzte Selbstsicherheit lässt Sie auch nicht souveräner wirken. Selbstvertrauen zeigt sich in vielen kleinen Dingen, die sich unserer Kontrolle entziehen – z. B. auch darin, nachgeben zu können, ohne gleich sein Ego angekratzt zu

---

[19] Nur 18% aller befragten Frauen war das Aussehen „sehr wichtig". Damit ist diese Eigenschaft nicht so zentral wichtig wie z. B. „Humor" (76%), Glaubwürdigkeit (72%), „Bildung" (49%) oder „Selbstsicherheit und Souveränität" (46%). (Frage: „Wie wichtig sind Ihnen folgende Eigenschaften bei einem Mann?"). [Quelle Umfrage Trend Research]

sehen. Sie können nur souverän wirken, wenn Sie sich wirklich so fühlen. Nur dann werden Sie instinktiv entsprechend selbstsicher agieren und den gewollten Eindruck hinterlassen.

Eine attraktive Physis ist sicherlich eine wichtige Komponente Ihrer Souveränität. Kümmern Sie sich also darum, Ihren Körper entsprechend zu trainieren, dann haben Sie schon den ersten Schritt getan. Das Veränderungspotenzial auf der psychischen Seite ist jedoch ungleich größer (wenn auch schwieriger zu erschließen). Ob Mann sich in unserer Gesellschaft souverän und erfolgreich fühlt, hängt (leider) sehr stark vom Job ab. Der berufliche Erfolg selber ist den Damen zwar nicht so wichtig[20], weswegen Sie Ihren tollen Job auch nicht in jedem zweiten Satz erwähnen sollten. Außenstehende könnten sonst das Gefühl bekommen, dass Sie außer dem Job nicht viel zu bieten haben. Aber für Ihre Souveränität ist ein toller Job oder zumindest ein voraussehbares Karrierepotenzial ein sehr wichtiger Faktor. Sind Sie dagegen unzufrieden im Job oder haben das Gefühl, beruflich versagt oder keine Aufstiegschance zu haben, wirken Sie auch weniger selbstsicher.

Wenn auf Sie Letzteres zutrifft, tun Sie unbedingt etwas dagegen! Das ist nicht nur für die Akquise wichtig, sondern ganz allgemein auch für Ihr Wohlbefinden. Ich weiß, wie schwer es manchmal ist, sich aufzuraffen und vielleicht auch einmal die bequeme derzeitige Position für eine neue Chance zu riskieren. Ich weiß, dass dies ein sehr komplexes Thema ist, mit dem man eigene Bücher füllen kann, und möchte hier auch keine detaillierte Lösungsstrategie anbieten, sondern lediglich auf die Wichtigkeit des Themas aufmerksam machen.

Sicher ist: Nicht jeder von uns kann Top-Manager eines Unternehmens mit 5000 Angestellten werden. Zudem ist die berufliche Situation oft nur schwer und/oder sehr langsam zu verbessern. Aber wie bereits gesagt, ist der Job auch nur eine Komponente des persönlichen Erfolgsempfindens. Im Grunde geht es darum, etwas zu finden, bei dem Sie sich mit Begeis-

---

[20] „Beruflicher Erfolg" war nur 9%, „Vermögen" sogar nur 2% der befragten Frauen „sehr wichtig". Selbst der Kleidungsstil war den Damen wichtiger. (Frage: „Wie wichtig sind Ihnen folgende Eigenschaften bei einem Mann?") [Quelle: Umfrage Trend Research]

terung engagieren können, auf das Sie selbst stolz sind und für das Sie von anderen Menschen Anerkennung bekommen. Egal, was Sie auf die Beine stellen, ob Sie eine große Party organisieren, Oldtimer restaurieren oder in einer Band spielen: Es gibt verdammt viele Wege, dass andere Menschen plötzlich über Sie sagen: „Mensch, das ist ein toller Typ!" Sie müssen es nur machen.

Zusammenfassend: Sind Sie stolz auf das, was Sie tun und zufrieden mit dem, was Sie erreicht haben, wird das auch Ihre Umwelt wahrnehmen. Und schon ist sie da: die Souveränität, die Ihren Marktwert steigert und die die Damenwelt schätzt.

D1. Marktwertsteigerung durch Fairness und Ehrlichkeit

Frauen wünschen sich auf der einen Seite einen gut aussehenden Womanizer. Auf der anderen Seite aber genauso den beständigen, treusorgenden Ehemann. Sind Sie also (unter anderem) für Ihre Glaubwürdigkeit und Fairness bekannt, wird Ihnen das viele Türen öffnen.

Folgendes Beispiel: Sie sind beruflich für drei Monate in einer anderen Stadt. Wie es der Zufall so will, wohnt dort Hannah, eine Freundin Ihrer Bekannten Susi. Als Susi von Ihrem Aufenthalt erfährt, dauert es nicht lange, bis sie ein Treffen mit Hannah arrangiert. Und so haben Sie, ohne auch nur einen Finger zu rühren, schon Ihr erstes Date in der grauen, fremden Stadt. Und zwar mit einem Top-Einstieg, weil Susi sie als ganzen Kerl empfohlen hat! – Und nun überlegen Sie mal ganz scharf: Hätte Susi das auch gemacht, wenn Sie nicht der faire und ehrliche Typ wären, als den sie Sie kennen gelernt hat? Wenn Sie schon anderen Bekannten durch Unfairness echten Herzenskummer bereitet hätten? Mit größter Wahrscheinlichkeit nicht, außer Susi hätte mit Hannah noch eine Rechnung offen. Ehrlichkeit und Fairness sind zwar nicht unbedingt Dinge, die Sie für Frauen gleich unglaublich attraktiv machen – aber unfaires Verhalten kann ein K.-o.-Kriterium sein für alles, was über einen One-Night-Stand im alkoholisierten Zustand hinausgeht. Geht es auch nur um ein wenig mehr, macht ein schlechter Ruf vieles komplizierter.

Noch einmal: Persönliche Empfehlung ist die beste Werbung. Agieren Sie nach dem „Nach-mir-die-Sintflut"-Prinzip, wird Ihnen die daraus resultierende negative Mundpropaganda die Akquise nicht einfacher machen. Denn wir alle wissen: Die Welt ist ein Dorf.

D2. Der induzierte Marktwert

Neben Ehrlichkeit und Fairness kann das Affärenmanagement den Marktwert noch auf eine weitere Weise positiv beeinflussen – und zwar über den induzierten Marktwert. Klingt furchtbar schwierig, ist aber ganz einfach! Beim induzierten Marktwert wird das weibliche Zielobjekt durch eine dritte Person in der Einschätzung Ihres Marktwerts beeinflusst – entweder indem die Dame durch Erzählungen von Ihnen erfährt oder aber indem sie Sie dabei beobachtet, wie Sie mit einer anderen Frau umgehen. Wenn Frauen Sie im Gespräch mit einer anderen jungen Dame sehen, ziehen sie aus Ihrem Verhalten und dem Ihrer Begleiterin Rückschlüsse auf Ihren Marktwert. Etwas, das Ihnen schon tausendmal widerfahren ist.

Stellen Sie sich als Beispiel vor, Sie sind gerade mit Annette unterwegs – Sie erinnern sich: eine wirklich attraktive Frau! Als Sie gerade mit ihr auf einer Party einen White Russian trinken, läuft Susi (eine verflossene Affäre) mit einer Freundin vorbei – die sich auch nicht gerade verstecken muss! Susi bleibt kurz stehen, lächelt und ruft rüber: „Na, mein Lieber? Schon wieder mit einer hübschen Frau unterwegs?" Sie schauen ertappt und sagen: „Verdammt! Erwischt!", – woraufhin die beiden lachen und sich mit einem „Na, dann wollen wir mal nicht lange stören" verabschieden.

Fest steht: Susis Freundin wird Sie in guter Erinnerung behalten. Sollten Sie sie wieder treffen, wird der Satz: „Sag mal, hab ich dich nicht damals auf der Party zusammen mit Susi gesehen?" garantiert ein guter Einstieg sein. Denn Susis Freundin wird Ihren Marktwert aufgrund der hübschen Frau, die Sie an jenem Abend begleitet hat, relativ hoch einschätzen.

Wenn Sie also irgendwo mit einer attraktiven Dame auflaufen, dann ist das ein Statement. Es besagt, dass Sie eine Wirkung auf attraktive Frauen haben. Und das, mein Freund, macht Sie interessant! Das gewisse Etwas, welches Sie offensichtlich besitzen, wird Ihnen, auch wenn die umstehenden Damen es vielleicht jetzt nicht genauer bestimmen können, bei einer späteren Bekanntschaft sehr hilfreich sein. Sie haben also indirekt über die Dame, die Sie in die Bar begleitet hat, Ihren eigenen Marktwert beeinflusst. Im Prinzip ist dies nichts anderes als die alte Handwerkerweisheit „Gute Arbeit zieht Arbeit nach sich!" Wenn Sie also mit kapitaler Beute unterwegs sind, erleichtert das die zukünftige Akquise.

So weit alles bestens. Allerdings hat die Sache einen gefährlichen Haken: das Mauerblümchen! Denn die oben genannte Marktwertbestimmung funktioniert leider auch umgekehrt. Stellen Sie sich vor, Annette wäre nicht die scharfe Granate, sondern eher dritte Wahl. Nun, Susi hätte dann wahrscheinlich zu Ihnen irgendetwas anderes gesagt und hinterher zu ihrer Freundin so etwas wie: „O Mann, mit was für einer Frau treibt der sich denn rum – und mit dem hab ich auch mal was gehabt." Susis Freundin wird von Ihnen nicht unbedingt den Eindruck eines Womanizers haben. Und diese Hürde will bei einem Wiedertreffen erst einmal überwunden werden. Oder sie wird sich gar nicht mehr erinnern, was bei genauerem Nachdenken sogar die wünschenswertere Alternative wäre.

Ergo: Zeig mir deine Affäre und ich sage dir, was für ein Kerl du bist. Sorgen Sie also dafür, dass Sie möglichst häufig mit maximaler Qualität angetroffen werden. Ihr Marktwert wird dadurch gesteigert – mit allen positiven Folgen für den Akquiseeinstieg!

Wie kann man nun die Qualität der Affären durch cleveres Affärenmanagement beeinflussen? Nun, Sie wissen selbst: In Zeiten des Überflusses legt man gerne auch mal zwei Scheiben Parmaschinken auf das frische Baguette, weil man es sich eben leisten kann – und wenn die Kohle am Ende des Monats zu Studentenzeiten wieder mal knapp war, tat es auch die Penny-Marmelade auf dem Brot von gestern. Was ich damit sagen will: In schlechten Zeiten vergreift man sich nur zu leicht an den billigen Produkten unten im Regal – was ich im Folgenden den „*WHJND-Effekt*" („Wir-hatten-ja-nix-damals"-Effekt) nennen möchte. Steht Mann ohne Affäre da, verkauft er sich unter Umständen sehr leicht unter Wert. Und genau dieses Herumtreiben mit den Sonderangeboten führt bei Begegnungen mit anderen zu einer indirekten Markwertminderung. Die Vermeidung des WHJND-Effekts ist also einer der Schlüssel zu einem allzeit guten Marktwert. Und wie das geht, wissen Sie ja bereits. Zum einen natürlich jederzeit bemüht sein, Nachschub zu akquirieren, zum anderen aber bereits im Beutesäckelchen befindliche Qualitätsobjekte nicht zu schnell verheizen.

Zusammenfassend kann man sagen, dass der Marktwert durchaus einige Schräubchen bietet, an denen man etwas verändern und verbessern kann.

Mindestens ebenso wichtig wie der Marktwert ist jedoch das Training. Frauen anzusprechen funktioniert nach demselben Prinzip wie Leistungssport: Ein gutes Equipment ist die Grundvoraussetzung für den Erfolg – dies würde dem Marktwert entsprechen. Darüber hinaus muss man jedoch auch die Technik beherrschen, um erfolgreich zu sein. Und hier kommt das Training ins Spiel.

Auch wenn ich persönlich es auf keinen Fall als Sport ansehe, Frauen anzusprechen: Von uns Männern wird nun einmal erwartet, dass wir den ersten Schritt tun. Und wer dies nicht instinktiv auf eine charmante Art und Weise beherrscht, muss es eben Schritt für Schritt lernen. Und dazu ist anfangs das Trainieren gewisser Techniken einfach hilfreich. So lange bis man das Ansprechen irgendwann im Blut hat und ganz natürlich agiert.

E. Akquisebasierte Probleme: die Technik und das Training

Um die richtige Technik zu erlernen, ist ständiges Training extrem wichtig. Haben Sie das Gefühl, Ihnen fehlt oft einfach der notwendige Charme? Sind Sie unentspannt, wenn Sie eine Frau ansprechen, und unsicher, wie Sie sich im Gespräch verhalten sollen? Vielleicht sogar so unsicher, dass Sie das Ansprechen in der Regel lieber gleich ganz lassen? Dann lassen Sie sich gesagt sein: Charme und erfolgreiches Flirten sind zum großen Teil Übungssache! Es ist wie Leistungssport – Talent ist wichtig … aber noch wichtiger ist die ständige Übung. Auf diese Weise haben es viele Sportler mit eher geringer Begabung bis an die Weltspitze geschafft.[21]

Umgekehrt führt eine lange Trainingspause oft zu einer rapiden Verschlechterung der Technik. Erinnern Sie sich noch, wie Sie sich gefühlt haben, als Sie nach einem langen Sommer zum ersten Mal wieder auf dem Snowboard standen? Nun, genau das kann Ihnen auch bei der Akquise passieren. Wenn es zu lange her ist, dass Sie zum letzten Mal eine Frau angesprochen haben, werden Sie sich ganz schön anstrengen müssen, um wieder Chef im Ring zu sein. Sie werden wahrscheinlich ein flaues Gefühl im Magen haben, und das ist dem Erfolg nicht eben zuträglich. Sprechen Sie jedoch häufiger mit zumindest durchschnittlichem Erfolg Frauen an, wirkt das absolut positiv auf Ihr Akquisepotenzial. Sie haben weniger Lampenfieber und kommen damit um einiges entspannter und lockerer rüber. Sie sind unverkrampfter, das Gesprächsklima ist entspannter, und damit steigen Ihre Erfolgschancen[22].

Einige Romantiker unter Ihnen werden nun vielleicht sagen: „Aber Schmetterlinge im Bauch gehören für mich einfach dazu!" Seien Sie ganz beruhigt! Wenn Sie Ihre Traumfrau ansprechen, werden noch mehr als genug Schmetterlinge übrig sein, auch wenn Sie gerade gut in Training sind! Und bitte kommen Sie mir nicht mit „Manche Frauen finden Schüchternheit aber süß". Erstens: Wer will schon süß sein – wir sind schließlich keine Knuddelhäschen! Und zweitens: Mir ist in meinem Leben noch keine Situation widerfahren, in der ein entspanntes, offenes Lächeln nicht besser gewesen wäre als ein verkrampftes, schüchternes![23]

Darüber hinaus schwindet durch regelmäßiges Training Ihre Angst vor Enttäuschungen, weil Sie merken, dass die Welt nach einem Korb nicht zusammenbricht. Im Gegenteil: Selbst wenn Sie einen Korb kassiert haben, werden Sie sich zufriedener fühlen, als wenn Sie gar nichts unternommen hätten! Weil es allein schon ein gutes Gefühl ist, sich getraut zu haben. Und meistens können Sie, wenn Sie auch nur ein bisschen über

---

[21] Männer die häufiger als einmal im Monat eine Frau ansprechen, haben, kommen bei einem Ansprechversuch 16 % häufiger ins Gespräch als solche, die das seltener tun. Ist die „trainiertere" Gruppe erst einmal im Gespräch, so
• schaffen sie es um ca. 45 % häufiger, die Telefonnummer zu bekommen
• knutschen sie um ca. 61 % häufiger am ersten Abend
• haben sie um ca. 75 % häufiger einen One-Night-Stand als die „untrainierte" Gruppe.
[Quelle: Umfrage Trend Research]

sich selbst lachen können, sich hinterher mit Ihren Jungs prächtig über die Abfuhr amüsieren.

Nicht zuletzt sind Sie durch die ständige Übung vertrauter mit der Situation an sich. Sie können bei Standardsituationen instinktiv ohne nachzudenken reagieren und müssen deswegen keine „Techniken" im eigentlichen Sinne mehr anwenden. Sie trauen sich mehr, Ihr kreativer Charme kann sich voll entfalten, und damit wird das Kennenlernen zu einem natürlichen und für beide Seiten sehr viel entspannteren Vorgang.

Fazit: Die Erfolgsaussicht des einzelnen Akquiseversuchs steigt mit dem Trainingsstand, also mit der Angriffsfrequenz.

Wie aber soll das Training nun aussehen? Ganz einfach: Sorgen Sie dafür, dass Sie in regelmäßigen Abständen eine Frau ansprechen! Das können Sie machen, wie Sie wollen, aber ich kann Ihnen ein Vorgehen besonders ans Herz legen. Nehmen Sie sich stets vor, dass Sie, wann immer Sie mit den Jungs unterwegs sind, wenigstens eine Frau ansprechen – und zwar nicht irgendeine, sondern eine echte Klassefrau!

Dabei brauchen Sie das Rad nicht neu zu erfinden. Es haben sich vor Ihnen schon Milliarden anderer Männer mit genau denselben Problemen herumgeschlagen. Dass sich dabei gewisse Erfahrungswerte ergeben haben, ist klar. Es existiert eine ganze Menge Fachliteratur zu diesem Thema, so auch auf der Website www.dieperfektemasche.de. Einige der besten Strategien habe ich selbstverständlich auch in meinem kleinen orangenen Notizbuch gesammelt – und die möchte ich Ihnen nicht vorenthalten.

Stellen Sie sich also vor, Sie entdecken eine Frau, die Ihnen gefällt. Dann gibt es zwei Hürden.

Hürde 1: Sie kennen die Dame nicht. Diese Barriere müssen Sie überwinden, um überhaupt mit ihr in Kontakt zu kommen: Das ist der sogenannte Erstkontakt. Haben Sie den erfolgreich hinter sich gebracht, ist noch gar nichts gewonnen. Denn dann kommt:

[22/23] Auf die Frage „Welchen Stil würden Sie eher interessant finden, wenn Sie von einem Mann angesprochen werden?" fanden 84 % einen selbstsichere Ansprache attraktiver als eine schüchterne. [Quelle: Umfrage Trend Research]

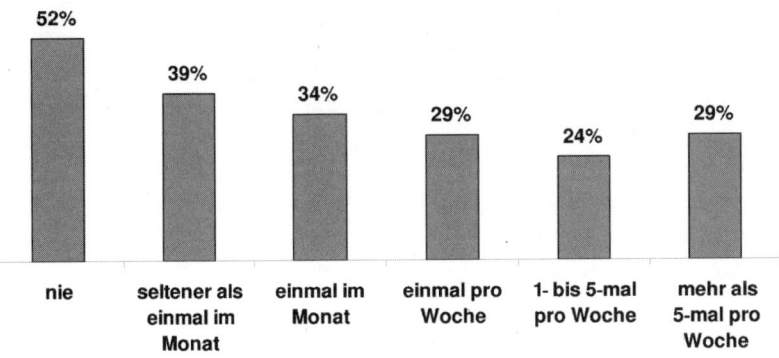

Abbildung 4 – Durchschnittliche Fehlschlagquote bei Ansprechversuchen, gruppiert nach Antworten auf die Frage „Wie häufig sprechen Sie eine Frau an?"

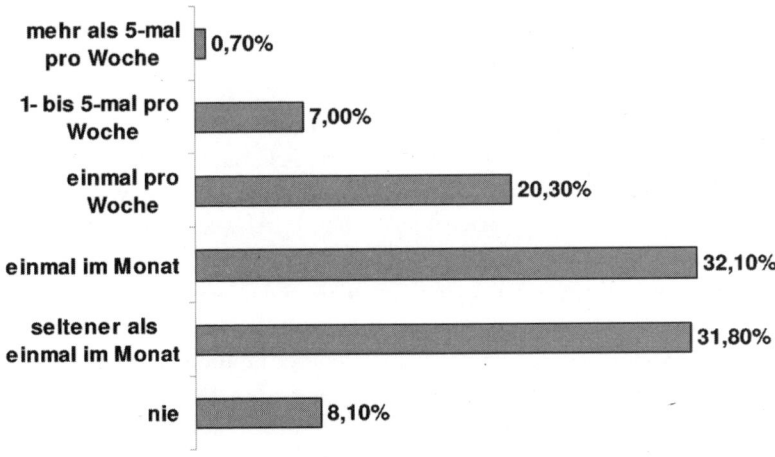

Abbildung 5 – „Wie oft im Monat sprechen Sie im Durchschnitt eine Ihnen unbekannte Frau an, mit der Absicht, sie kennen zu lernen?"

Hürde 2: Sie müssen jetzt in einem zweiten Schritt das Objekt der Begierde in ein Gespräch verwickeln, das zumindest so lange auf eine anregende und unterhaltsame Weise geführt werden muss, bis klar ist, dass Sie beide sich mögen.

Die kritische Frage ist nun, was bei der Überwindung dieser Hürden über Erfolg oder Misserfolg beider Schritte entscheidet. Und welche Methoden sich als besonders erfolgreich herausgestellt haben. Um diese Dinge werden wir uns im Folgenden kümmern...

E1. Der Erstkontakt

Sie befinden sich also in der Situation, dass Sie gerade eine Frau geortet haben, die Sie richtig heiß finden. Sie beide haben sich vorher nie gesehen, sind sich also fremd. Und genau das ist Ihr Problem!

Die natürliche Reaktion auf etwas Fremdes ist immer Wachsamkeit oder im schlimmsten Fall sogar eine Verteidigungshaltung. Baggert ein Mann eine Frau ganz offen und direkt an, dann wird ihr deutlich bewusst: Den Typen kennt sie nicht, und er hat es auf sie abgesehen. Das löst bei ihr instinktiv eine Abwehrhaltung aus. Beide Seiten empfinden diese Situation zunächst einmal als heikel oder schwierig – und das kann sehr schnell mit einem Korb enden.

Lernt man sich hingegen auf „natürlichem" Wege kennen, wird die Situation entschärft. Stellt beispielsweise ein Bekannter Sie der Dame vor, sind Sie ihr nicht mehr ganz so fremd. Sie kann Ihnen in gewissem Maße vertrauen und geht deswegen nicht sofort in Abwehrhaltung, sondern steht Ihnen viel offener gegenüber. Aus diesem Grund lernt man auf privaten Partys viel leichter Frauen kennen als in der Diskothek.

Auch bei der anderen Art des „natürlichen" Kennenlernens, der zufälligen Begegnung, ist das Defensivpotenzial der Frau deutlich reduziert – allerdings funktioniert dies ein wenig anders. Man kann das sehr schön anhand des Aufeinandertreffens einer Zebraherde und eines Löwen erklären. Wird die Herde durch die Raubkatze taxiert, so sind alle Tiere nervös, weil sie einen Angriff erwarten. Schläft der Löwe jedoch seelenruhig und vollgefressen, werden die Zebras, selbst wenn die Distanz zum

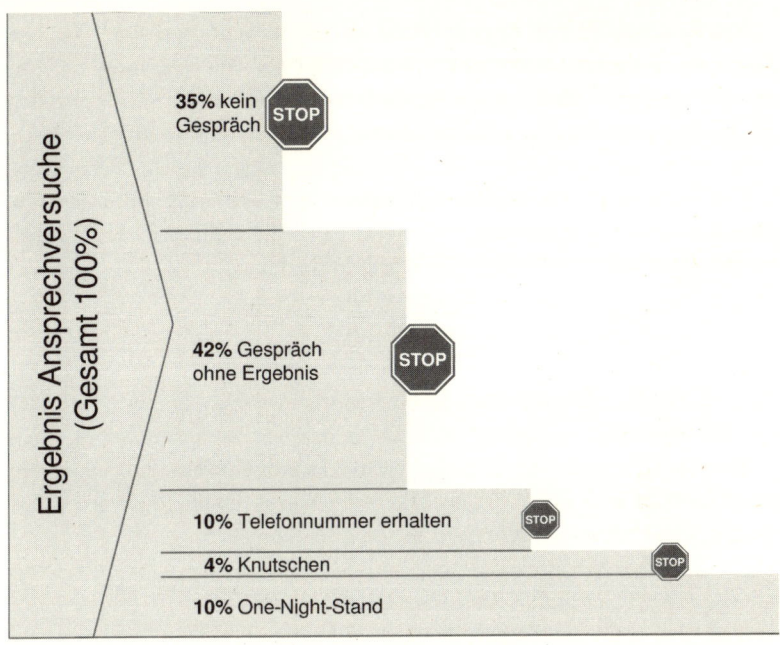

Abbildung 6 – Durchschnittliches Ergebnis von Ansprechversuchen
[Quelle: Umfrage Trend Research]

Löwen dieselbe ist, wesentlich ruhiger und entspannter sein. Genau dasselbe passiert beim zufälligen Kennenlernen: Das aktive Ansprechen, bei dem ganz klar wird: „Wir kennen uns nicht", kann einfach entfallen, wenn bereits eine Gemeinsamkeit besteht, über die man sprechen kann. Sei es das Essen, was beide auf dem Tisch stehen haben, oder die Uni-Hausarbeit, die man gemeinsam schreibt. Man kommt miteinander ins Gespräch, ohne dass ein Einstieg erforderlich ist. Sie offenbaren sich deshalb nicht als Angreifer. Sie beide kommen miteinander in Kontakt, weil der Zufall es eben so will, und nicht, weil Sie es aktiv auf sie abgesehen haben. Die Dame hat keinen Grund für eine abwehrende Haltung und ist wesentlich entspannter, als wenn Sie sie z. B. an der Bushaltestelle direkt angesprochen hätten.

Aus diesen Beobachtungen lässt sich folgender Schluss ziehen: Das Gefühl von Fremdheit sollte beim Erstkontakt so weit wie möglich umgangen werden[24]. Mehr noch: Nach Möglichkeit sollte man sogar den Eindruck vermeiden, dass überhaupt ein Ansprechversuch erfolgt ist.

Bevor wir gleich tiefer in die Technik einsteigen, lassen Sie uns zunächst noch einmal auf die Grundlagen zu sprechen kommen. Denn alle Ansprechversuche haben eines gemein: Fehlt die richtige Grundeinstellung, geht das Ganze schon am Anfang in die Hose!

E.1.1. Die richtige Grundeinstellung

Zwei Hürden kennzeichnen jeden Ansprechversuch: Die Fragen „Was soll ich zum Einstieg sagen?" und „Was passiert, wenn die Dame mich zurückweist?". Beide Hürden hängen miteinander zusammen – denn ein guter Einstiegstext reduziert natürlich die Wahrscheinlichkeit einer Zurückweisung. Dennoch: Grübeln Sie nicht zu lange!

Handeln Sie lieber impulsiv und sofort
als gut überlegt und zu spät.

Nichts ist beim Ansprechen so wichtig wie Spontaneität. Und die geht verloren, wenn Sie zu lange hin und her überlegen. Wenn Sie impulsiv agieren, wirkt Ihr Handeln natürlich. Und wir wissen ja: Je natürlicher ein Erstkontakt wirkt, desto weniger wird das Objekt der Begierde eine abwehrende Haltung einnehmen. Eine Frau spürt ganz einfach, ob ein Satz zurechtgelegt ist oder natürlich-situativ daherkommt.

Die Uhr beginnt in dem Moment zu ticken, in dem Sie Ihr Zielobjekt wahrgenommen haben. Ab dann haben Sie Zeit, sich zu überlegen, wie

---

[24] 53% aller befragten Frauen empfanden die zufällige Bekanntschaft als die angenehmste Art des Kennenlernens, 37% nannten hier die „Vorstellung durch einen gemeinsamen Bekannten" und nur 10% die direkte Ansprache durch den Mann. (Frage: „Welche Art einen Mann kennen zu lernen empfinden Sie am angenehmsten?")
[Quelle: Umfrage Trend Reserach]

Sie die Sache anfangen. Überlegen Sie nicht zu lange. Denn Ihre Chancen werden, nachdem die Frau Sie erst einmal entdeckt hat, mit jedem Zögern eher schlechter als besser.

Je länger Sie abwarten, desto eher wird die Dame Sie als Hasenfuß einschätzen, und das Risiko abzublitzen steigt. Deswegen sollten Sie spätestens nach dem dritten Blickkontakt zusehen, dass Sie in die Gänge kommen und mit ihr in Kontakt treten. Während das Interesse der Frau bis zum dritten Blickkontakt stetig wächst, wird es danach mit jeder weiteren verpassten Gelegenheit sinken. Denn wenn Sie ihrer indirekten Einladung nicht folgen, haben Sie offensichtlich nicht genug Selbstvertrauen, sie anzusprechen. Ihr Marktwert sinkt – bis die Frau schließlich das Interesse an Ihnen verliert.

Auch für den Fall, dass eine Frau Sie nicht mit Blicken eingeladen hat, gilt die schon genannte Regel: Handeln Sie schnell! Wenn Sie zu lange um sie herumschleichen, wird sie irgendwann bemerken, dass Sie planen, sie anzusprechen und in ihre Privatsphäre einzudringen. Das empfindet sie wahrscheinlich als eher unangenehm. Je länger Sie zögern, desto mehr wird sich dieses Gefühl aufbauen und desto mehr Zeit geben Sie ihr, sich auf Ihren Angriff vorzubereiten. Ihre Verteidigungsstrategie wird entsprechend ausgeprägt ausfallen.

Ein weiterer Punkt: Ihre eigenen Hemmungen gegenüber der Kontaktaufnahme werden umso größer, je länger Sie sich die Sache durch den Kopf gehen lassen. Es muss nicht immer der beste Spruch der Welt sein, mit dem Sie auf eine Frau zugehen. Viel wichtiger ist, dass Sie selbst locker und entspannt sind. Überlegen Sie zu lange, werden Sie feststellen, dass Sie verkrampfen. Glauben Sie mir: Ein locker rausgehauener 60-%-Spruch wird jeden hundertprozentig ausformulierten Ansprechtext aus dem Rennen schlagen, wenn dieser zu spät kommt. Wenn Sie also mit einer bestimmten Art der Kontaktaufnahme Ihren persönlichen Königsweg gefunden haben, Sie damit erfolgreich sind und sich sicher damit fühlen, dann gehen Sie ihn auch. Aber fangen Sie bitte nicht an, alle weiblichen Wesen in Ihrem Stammclub mit demselben Spruch abzufertigen. Das kann, sollten sich die Damen austauschen, ganz schnell richtig peinlich für Sie werden.

Abschließend kann zu langes Zögern auch dazu führen, dass Ihr Zielobjekt, während Sie noch auf eine bessere Gelegenheit oder einen besseren Spruch warten, von der Bildfläche verschwindet oder (noch schlimmer) von einem anderen angesprochen wird!

Sie sehen also – wenn Sie zu lange warten, kann das sogar Selbstläufer gegen die Wand fahren. Sagen Sie einfach das Erstbeste, was Ihnen einfällt, auch wenn Sie damit keinen Nobelpreis gewinnen. Fazit:

Das Wichtigste ist, überhaupt etwas zu sagen.

So viel zum Thema „Was soll ich sagen?". Was bleibt, ist die Angst vor Zurückweisung. Woher kommt die nun? Erst einmal: Was ist so schlimm daran, wenn die angesprochene Dame etwas entgeistert bzw. genervt schaut, deswegen nur kurz angebunden ist und Ihnen eine Abfuhr erteilt? Ganz ehrlich: Eine wirklich harte Abfuhr ist nichts, wofür ich zahlen würde – auf der anderen Seite aber auch nicht das Ende der Welt. Und: Frauen reagieren beim Ansprechen mit Anstand sehr selten schroff und unfreundlich.

Darüber hinaus hat sich in der Vergangenheit folgende Erkenntnis immer wieder bestätigt:

Lieber einen schlechten Eindruck
hinterlassen als gar keinen.

Natürlich gilt: Wenn Sie die Dame grob unhöflich behandelt oder beleidigt haben, sind Sie natürlich aus dem Spiel – jetzt und in Zukunft! Hat Sie sich jedoch lediglich gedacht „Mann, ist das ein Knallkopf!", weil Sie einen fürchterlich schlechten Einstiegstext gebracht haben, wird sie Ihnen das nicht wirklich übel nehmen. Wenn Sie Glück haben, haben Sie einen zwar nur bedingt positiven, aber dennoch markanten und einprägsamen Eindruck hinterlassen. Sie werden überrascht sein, was das für ein wunderbarer Einsteiger ist, wenn Sie der Dame wieder begegnen sollten. Erkennt sie Sie und Sie setzen ein breites, übertrieben schuldbewusstes Lächeln auf, reden Sie schneller miteinander, als Sie „Piep" sagen können. Weil Sie ein gemeinsames Erlebnis haben und sei es nur, dass Sie sich ziemlich bescheuert benommen haben.

Machen Sie sich deswegen immer klar: Sie haben nichts zu verlieren – aber viel zu gewinnen! Alles ist besser, als wenn Sie nichts tun. Vergleichen Sie das einmal mit Lottospielen. Beim Lottospielen ist die Chance auf einen Gewinn weit kleiner als beim Frauen ansprechen. Und dennoch: Wenn Sie nicht für die Teilnahme zahlen müssten (also nichts zu verlieren hätten), würden Sie in jedem Fall Ihre Kreuzchen machen, oder? Sie würden sich freuen, wenn Sie gewinnen. Würden Sie verlieren, wäre Ihnen das wahrscheinlich egal. Genau dies ist die optimale Grundeinstellung beim Ansprechen von Frauen.

> *Der Ausgang der Geschichte sollte*
> *Ihnen so egal wie möglich sein!*

Bleibt ein ganz kritischer Punkt: Der Alkoholkonsum. Ihr Pegel darf nicht zu hoch sein. Sie müssen Ihre Kommunikationsfähigkeit unbedingt erhalten. Die goldene Mischung liegt im sogenannten „kreativen Fenster", in dem Ihre Kreativität auf dem Maximum und gleichzeitig Ihre Kommunikationsfähigkeit noch in ausreichendem Maße vorhanden ist, um diese noch ausdrücken zu können (siehe Abb. 7, Seite 67). Was allerdings nicht heißen soll, dass man nicht von Zeit zu Zeit mit seinen Jungs ein paar Bier zu viel nehmen soll – man muss sich nur entscheiden, ob es bei der Tour um reinen Spaß oder auch ein wenig um Ergebnisse an der Eroberungsfront geht.

E.1.2. Das „natürliche" Kennenlernen

Das „natürliche" Kennenlernen kann ganz leicht vonstatten gehen:

* Sie arbeiten oder studieren mit ihr zusammen
* Sie ist die Freundin einer/eines Bekannten
* etc.

In diesen Fällen können Sie einfach abwarten, bis sich irgendwann eine Situation ergibt, in der der Zufall Sie beide ins Gespräch bringt. Dies ist die absolut einfachste Konstellation, in der man beim Ansprechen eigentlich kaum etwas falsch machen kann. Bedenken Sie jedoch immer Folgendes:

Der schlaue Fuchs jagt weit vom Bau.

Denn wenn Sie in Ihrem direkten Umfeld jagen, sind Sie nach Affärenende auch täglich mit den Folgen konfrontiert. Und bei unschönem Ausgang einer dieser Affären kann das sehr unangenehm werden. Oder wollen Sie auf jedem Geburtstag in Ihrem Freundeskreis Ihrer Ex-Affäre begegnen? Oder sie jeden Tag in der Vorlesung treffen? Überlegen Sie sich also sehr genau, was Sie tun: Ein Ansprechen im eigenen Lebensraum erfordert am wenigsten Überwindung – aber die Folgen eines Techtelmechtels können durchaus anstrengend sein.

In der Regel läuft man interessanten Frauen ohnehin da über den Weg, wo ein schnelles Wiedersehen eher unwahrscheinlich ist. Dann gilt: Je natürlicher das Kennenlernen erscheint, desto besser. Halten Sie deswegen die Augen auf! Oft bietet sich nur für einige Sekunden eine günstige Gelegenheit, in der Sie handeln müssen und z. B. eine Handlung von ihr kommentieren können. Zum Beispiel gähnt die Frau und Sie fragen ob Sie schlecht geschlafen hat. Oder Sie sagen etwas über ein Ereignis, welches Sie beide gerade beobachtet haben. Achten Sie dabei auf Folgendes:

a) *Haben Sie keine Angst.* Machen Sie sich klar, dass Sie nichts Verbotenes, nicht einmal etwas Unhöfliches tun. Sie haben somit auch nichts zu befürchten! Oder halten Sie es für unfreundlich, wenn Ihnen jemand im Supermarkt seine Lieblingsolivensorte empfiehlt? Oder wenn jemand Sie fragt, ob Sie jetzt, wo Sie die Bahn verpasst haben, auch zu spät zur Arbeit kommen? Dafür hat noch niemand eine Ohrfeige kassiert! Im Gegenteil, meist freuen sich die Damen über eine kleine Auflockerung Ihres Alltags.

b) *Spielen Sie sich selbst etwas vor.* Je mehr Sie selbst daran glauben, dass es Ihnen nicht um das Ansprechen an sich geht, sondern tatsächlich um den Inhalt der Konversation, desto lockerer werden Sie wirken. Der Widerstand der Dame wird gegen null sinken – Ihre Erfolgschancen aber steigen! Diese Selbsttäuschung hat darüber hinaus noch einen weiteren Effekt. Überlegen Sie einmal, warum Sie beim Ansprechen schüchtern sind. Richtig – weil Sie eben gerade die Dame anbaggern und eine Abfuhr befürchten. Wenn aber kein weiteres sexuelles Interesse von Ihrer Seite bestehen würde, fiele Ihnen die ganze Sache vermutlich ganz leicht. Weil Sie eigentlich nichts von der Dame wollen – außer etwas Kurzweil –, brauchen Sie auch keine Abfuhr zu befürchten. Deswegen: Lügen Sie sich selbst ein wenig in die Tasche, und Sie werden erstaunt sein, wie viel entspannter beide Seiten plötzlich sind.

c) *Seien Sie bereit!* Suchen Sie aktiv nach unverfänglichen Ansprech-Möglichkeiten und wenn Ihnen ein guter Text in den Sinn kommt, sagen Sie ihn einfach – ohne sich erst Gedanken zu machen, ob die Frau Ihr Typ ist oder nicht. Die Zeit, die Sie mit der Entscheidung „Soll ich oder soll

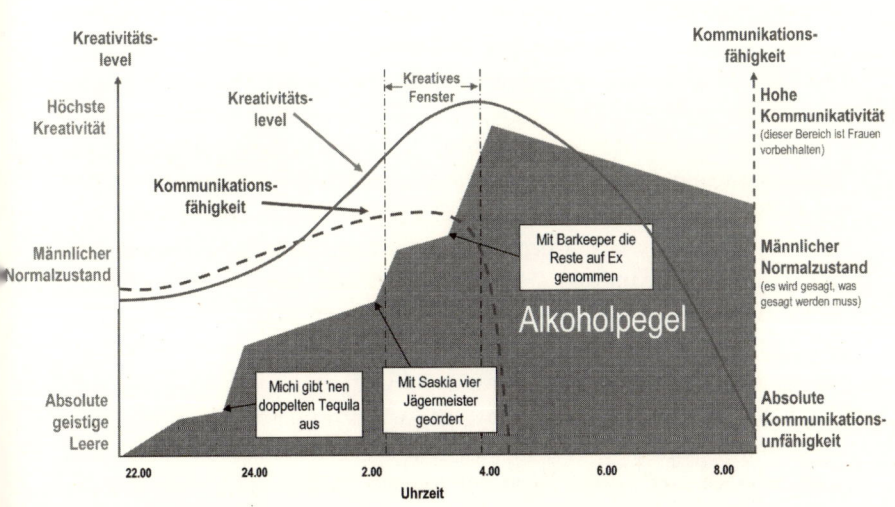

Abbildung 7 – Das kreative Fenster beim Genuss von Alkohol

67

ich nicht?" verplempern, kann schon zu lang sein. Da Sie lediglich etwas Unverfängliches wie „Suchst du was? Kann ich dir helfen?" gesagt haben und nicht mit dem Frontalangriff „Hast du Lust, einen Kaffee mit mir zu trinken?" ins Haus fallen, können Sie sich auch einfach wieder aus der Sache zurückziehen, wenn die Frau nicht Ihr Typ ist. Vielleicht haben Sie aber gerade einen lehrbuchmäßigen Erstkontakt zu einer Frau hergestellt, auf die Sie stehen.

Für Fortgeschrittene gibt es eine weitere Methode, die richtig angewandt für einen äußerst knackigen Ersteindruck sorgt – allerdings auch mächtig in die Hose gehen kann: Der Erstkontakt durch Provokation.

E.1.3. Provozieren

Es mag paradox klingen, dass gerade eine Provokation dazu dienen könnte, zwei Menschen zusammenzubringen. Das Kennenlernen mittels Provozieren ist jedoch eine der effektivsten Methoden überhaupt – wenn man die dafür notwendige Kaltschnäuzigkeit mitbringt und den Mut hat, auch mal eine Abfuhr einzustecken, die sich gewaschen hat! Bei einer Provokation ist die Angesprochene zunächst einmal so konsterniert, dass sie gar nicht merkt, dass der Satz gerade nur dazu diente, mit ihr ins Gespräch zu kommen. Zweitens wirken Sie souverän, weil Sie sich trauen, ihr so etwas an den Kopf zu werfen. Wichtig ist dabei, nicht wirklich verletzend zu sein. Dieser schmale Grat ist nicht immer einfach zu beschreiten – und das erforderliche Fingerspitzengefühl bekommt man nur in der Praxis, wenn man nach dem Trial-and-Error-Prinzip vorgeht.

Am besten ist der Einstieg dabei immer über ein Modethema, z. B. „Trägst du Rot, damit du mehr auffällst?". Nun wird sie erst mal total überrascht sein – von einem Fremden bekommt man schließlich nicht jeden Tag so etwas an den Kopf geworfen. Nach der ersten halben Sekunde Überraschung mit offenem Mund wird es interessant! Zum einen kann sie mit einem verdatterten „Was willst du denn?!?" antworten – oder wütend werden. Und jetzt muss sich der Profi in Ihnen zeigen, sonst gibt es einen knallharten Korb. Sie müssen im Grunde schon innerlich über die Reaktion der Dame lachen, wenn Sie die Frage stellen. Warten sie konsterniert ab – und dann legen Sie Ihr charmantestes Grinsen an den Tag. Dann merkt natürlich auch die Dame, dass Sie sie nur foppen wollten – was Sie objektiv auch geschafft haben. Das zeigt ihr, dass sie ein Typ mit Rückgrat sind, mit dem man Spaß haben kann und der sich auch mal was traut. Welche bessere Ausgangsposition kann man sich wünschen? Jetzt müssen Sie natürlich schnellstens die Situation glätten („Na? Da ist mir aber jemand auf den Leim gegangen! Ganz ehrlich: Steht dir gut. Wie heißt du denn? ... "). Und schon haben Sie den Erstkontakt gemeistert! Wie gesagt: Übertreiben Sie nicht und biegen Sie die Sache so schnell wie möglich wieder hin, sonst ist die Tour ein für alle Mal gelaufen. Wenn Sie diese Kunst beherrschen, ist die von einer Provokation ausgehende, nicht ganz ernst gemeinte Auseinandersetzung die ideale Einleitung für ein Gespräch.

Leider ist diese Taktik wie auch das „natürliche" Kennenlernen sehr stark von der Gelegenheit abhängig. Besonders, wenn Sie es auf eine ganz bestimmte Person abgesehen haben, findet sich in manchen Fällen einfach kein Anknüpfungspunkt. Man kann sich dann auch nicht unbegrenzt lange in ihrer Nähe herumdrücken. Manchmal ist die Begegnung auch derart kurz, dass man gar keine Zeit hat, auf eine Gelegenheit zu warten. Und dann wird es nötig, das Objekt der Begierde direkt und offen anzusprechen. Dies ist in jedem Fall weniger erfolgversprechend als die beiden bereits besprochenen Methoden zur Gestaltung des Erstkontakts („natürliches" Ansprechen, provozieren) – aber immer noch um Längen besser, als wenn man gar nichts tut.

E.1.4. Direktes Ansprechen

Manchmal bietet sich einfach keine Gelegenheit zur zufälligen Begegnung oder es fehlen im entscheidenden Moment die richtigen Ideen für eine schöne Provokation. Zeigt es sich also, dass Sie auf anderem Weg nicht mehr weiterkommen (und wirklich erst dann!), müssen Sie sich aufs direkte Ansprechen verlegen. Dafür benötigen Sie richtig Mumm!

Sie müssen sich ganz klar als Eindringling in die Privatsphäre der Frau zu erkennen geben. Die Erfolgsaussichten sind daher wesentlich geringer als beim natürlichen Kennenlernen[25]. Auch absolute Profis kassieren an schlechten Tagen in weit mehr als der Hälfte der Fälle eine ablehnende

Reaktion[76]. Aber wie bereits gesagt: ein Korb ist kein Weltuntergang – Sie haben nichts zu verlieren und alles zu gewinnen! Wenn Sie mit einer wundervollen Frau um die Ecke kommen, wird niemand mehr die Frage stellen, wie viele Körbe dieser erfolgreichen Eroberung denn vorausgegangen sind. Außerdem: Wenn Sie die folgenden vier Grundregeln beachten, werden Sie überrascht feststellen, dass Sie erfolgreicher sind, als Sie denken!

1. *Bereiten Sie das Ansprechen vor:* Vor der ersten verbalen Kontaktaufnahme sollten Sie schon einmal nonverbal den Weg zu der Dame vorbereitet haben. In den meisten Fällen ist dies ein Blickkontakt. Deswegen:

> *Schauen sie NIEMALS aus Schüchternheit weg,*
> *wenn eine schöne Frau Sie anschaut. Genau das ist Ihre*
> *Chance, sie kennen zu lernen.*

Am besten halten Sie den Blick kurz (vielleicht 3–4 Sekunden), wenden sich dann ab und schauen ganz kurz danach wieder in Ihre Richtung. Das signalisiert ihr, dass sie Ihnen aufgefallen ist und dass Sie interessiert sind. Hält sie den Blick, ist das schon die halbe Miete. Also lächeln Sie ihr zu – und versuchen Sie, auch ein kleines Lächeln aus ihr herauszukitzeln. Schaffen Sie dies, haben Sie schon so gut wie gewonnen. Wenn Sie die Dame nun ansprechen, sind Sie ihr kein völlig Fremder mehr – ihr Widerstand ist wesentlich geringer. Außerdem wissen sie, dass Sie nicht abgeneigt ist. Das gibt Ihnen Selbstvertrauen und lässt Sie souveräner auftreten.

2. *Geben Sie Ihre Absichten offen zu:* Beim direkten Ansprechen werden Sie Ihre Absichten nur schwer verstecken können. Gehen Sie deshalb lieber offensiv mit der Situation um, anstatt das Gespräch mit einem scheinheiligen Kommentar zum Wetter einzuleiten. Wer dazu steht, jemand anders sympathisch zu finden, wirkt souveräner als jemand, der einen Aufrissversuch ungeschickt zu vertuschen sucht.

Nehmen Sie als Beispiel einen Mann, der auf einer Party an der Seite einer attraktiven Frau steht und etwas schüchtern zu ihr sagt: „Gute Party, oder?" Eigentlich will er nur auf unverfängliche Art mit ihr Kontakt aufnehmen. Hat die Dame ihn allerdings nicht vorher durch einen vielversprechenden Blickkontakt zum Gespräch eingeladen, wird sie denken: „So ein Knallkopf! Erstens sehe ich selbst, dass das 'ne gute Party ist und zweitens geht's mir echt auf die Nerven, vom dritten Kerl auf diese billige Art angebaggert zu werden." Mit einem breiten Lächeln und dem Satz „Mann, du bist aber ein Sonnenschein! Da kann man als Kerl ja gar nicht anders, als dich anzusprechen", sieht die Lage schon ganz anders aus – weil Sie den Mumm hatten, ehrlich zu ihr zu sein und dazu stehen, dass Ihnen der blonde Engel gefällt.

Dies gilt besonders, wenn Sie keine Möglichkeit hatten, das direkte Ansprechen nonverbal durch einen Blick vorzubereiten und eine Kaltakquise durchführen müssen[27]. Wenn Sie morgens an einer Bushaltestelle eine Frau, die gerade nicht auf Sie achtet, mit einem „Viel Verkehr heute, oder?" ansprechen, wird die Sie schlicht und einfach für einen Idioten halten. Ein „Entschuldigung, ich weiß, es ist noch verdammt früh am Morgen und wir kennen uns nicht, aber du bist mir schon aus fünfzig Meter Entfernung aufgefallen", bietet am frühen Morgen zwar eine verdammt gute Chance auf eine Abfuhr – aber wenn Sie das Gespräch nicht auf eine natürlich erscheinende Weise einfädeln können, ist das noch Ihre beste Option. Und wenn schon untergehen, dann als ganzer Mann.

Ein Sonderfall sind allerdings Eröffnungsfragen wie „Hast du mal Feuer für mich?". Bei dieser Art Fragen ist allgemein bekannt, dass sie eigentlich meinen: „Ich würde dich gerne kennen lernen." Insofern wird dieser Einstieg von der Frau nicht als sonderlich unehrlich empfunden.

---

[25] 64% aller befragten Frauen empfanden die direkte Ansprache als die am wenigsten angenehme Art des Kennenlernens, 25% nannten hier die „Vorstellung durch einen gemeinsamen Bekannten" und nur 9% die zufällige Bekanntschaft. (Frage: „Welche Art einen Mann kennen zu lernen, empfinden Sie am angenehmsten?") [Quelle: Umfrage Trend Research]

[26] Im Durchschnitt gaben Single-Frauen an, in 56% der Ansprechversuche eine Abfuhr zu erteilen. Single-Männer sagten aus, bei durchschnittlich 35% der Ansprechversuche nicht einmal ins Gespräch zu kommen. Selbst die Gruppe der Männer die aussagten, von ihren Freunden als „vorbildlich" in Bezug auf Frauen ansprechen zu sein, lag hier bei 30%. [Quelle: Umfrage Trend Research]

Allerdings ist es nach diesem Einstieg nicht immer wirklich einfach, die Dame in ein weiterführendes Gespräch zu verwickeln.

3. *Vermeiden Sie „coole" Sprüche als Aufhänger:* Wer sich unnatürlich oder unehrlich verhält, wirkt unglaubwürdig und wird es schwer haben, erfolgreich zu sein. Wenn Sie im ersten Augenblick nicht vertrauenswürdig wirken, weiß die Frau nicht, was sie von Ihnen denken soll – und verstärkt ihre Abwehrhaltung.

Darum hat man mit peinlich-coolen Sprüchen wie „Ich wette ein Eis, dass diese schlanken Beine nicht länger als fünf Minuten brauchen, um mich zur nächsten Eisdiele zu begleiten" auch fast nie Erfolg. Was beim Lesen vielleicht noch ansatzweise lustig erscheint, wirkt in der Praxis meist furchtbar aufgesetzt und albern. Es ist für die Dame keine normale Situation – insofern kann sie auch nicht normal reagieren. Glauben Sie mir: Ein ehrlich vorgetragenes „Entschuldigung, dass ich dich so überfalle, aber hast du vielleicht Lust, da drüben mit mir ein Eis essen zu gehen?" wird um ein Vielfaches erfolgreicher sein als die Möchtegern-coole-Nummer. Auch weil es der Dame wesentlich leichter gemacht wird, auf das Angebot einzugehen, ohne ihr Gesicht zu verlieren. Denn mal ehrlich: Wer auf so einen bescheuerten Spruch reinfällt, muss selber ziemlich bescheuert sein!

Ebenso sollten Sie, wenn Sie sich ein wenig unsicher fühlen, das lieber offen zeigen, anstatt zu versuchen, die Situation mit übertriebener Coolness zu überspielen. Die Frau wird Ihre Befangenheit ohnehin bemerken. Dagegen ist es ein Zeichen von Stärke, Schwächen zugeben zu können – andersherum tritt eine Schwäche umso stärker hervor, je mehr man sie zu verstecken versucht. Wenn Sie also bewusst mit einer Schwäche auf den Plan treten, beweisen Sie immerhin Souveränität.

---

[27] 86% der befragten Frauen empfanden einen durch ein Lächeln vorbereiteten Ansprechversuch als angenehmste Alternative. Die anderen Möglichkeiten waren: „Blickkontakt ohne vorheriges Lächeln", „Ohne vorherigen Blickkontakt". (Frage: „Sie werden von einem Mann angesprochen. Welches Auftreten würden Sie bei einem Mann eher attraktiv finden, wenn er Sie anspricht?") [Quelle: Umfrage Trend Research]

4. *Lenken Sie nach dem Erstkontakt sofort das Gespräch auf etwas ganz anderes:* Dieser Punkt ist äußerst wichtig! Wenn Sie lange darüber reden, wie, warum, weshalb Sie Ihr Zielobjekt angesprochen haben, ist das ganz einfach das falsche Thema. Es macht bei jedem Satz deutlich, dass Sie einander noch fremd sind. Um noch einmal auf das Beispiel mit der Eisdiele zurückzukommen: Sobald sie „Hmm … Ja! O.k." gesagt hat, ist Ihr nächster Satz sofort „Klasse! Was ist denn dein Lieblingseis? Die Eisdiele da drüben hat ein echt großartiges Eis: Karamell mit Smarties!" oder etwas Ähnliches.

Diese vier Grundregeln werden Ihnen helfen, Ihre Erfolgsquote zu steigern. Aber erwarten Sie beim direkten Ansprechen trotzdem nicht zu viel. Es liegt in der Natur der Sache, dass Sie wesentlich mehr Abfuhren kassieren werden als beim „natürlichen Kennenlernen". Lassen Sie sich deswegen nicht gleich entmutigen, wenn eine Unterhaltung mal stockt. Im Grunde ist das der Normalfall. Gesprächspausen müssen nicht immer daran liegen, dass die Frau kein Interesse an Ihnen hat. Manchmal fällt einfach beiden gerade nichts ein. In dem Fall heißt es: Bleiben Sie dran und bemühen Sie sich ein bisschen. Die meisten Frauen erwarten ein wenig Hartnäckigkeit von Ihnen.[28] Aber: Niemals die Grenze überschreiten! Bekommen Sie eine klar negative Rückmeldung, dann sollten Sie ganz vorsichtig werden. Sie müssen unterscheiden zwischen einem etwas schleppenden Gesprächsanfang und einer höflichen, aber deutlichen Ablehnung. Bekommen Sie Letzteres als Rückmeldung, akzeptieren Sie besser den Korb, bedrängen Sie die Dame nicht und ziehen Sie sich zurück, sonst kassieren Sie ganz schnell eine Abfuhr, die sich gewaschen hat! Und die drückt einem dann wirklich auf die Laune.

Zum Abschluss dieses Kapitels noch zwei kleine Tipps:

a) Fangen Sie beim Üben des Erstkontakts ruhig erst mal bei Frauen an, die Sie nicht so rasend attraktiv finden. Sie sind dann einfach ein bisschen entspannter, können so nach und nach Selbstvertrauen und vor allem Praxiserfahrung sammeln und sich langsam hocharbeiten. Denn: Bevor man die Prinzessin erobern kann, muss man eben ein paar Drachen erlegen!

b) Ein extrem guter Zeitpunkt für Übungseinheiten sind Reisen – sozusagen als Trainingslager. Single-Damen im Urlaub sind meistens durchaus aufgeschlossen gegenüber neuen Bekanntschaften – insofern ist die Sache einfacher. Und Sie werden die Damen höchstwahrscheinlich nach dem Urlaub niemals wiedersehen. Deswegen können Sie sich unbesorgt blamieren – zu Hause erfährt das eh niemand. Nicht zuletzt hat man in Urlaubsorten keine Probleme beim Beenden der Affäre – das erledigt sich aufgrund der hohen Fluktuation meist von allein. Trainieren Sie also fleißig im Urlaub – und Sie können Ihre gute Form danach mit nach Hause nehmen.

E.1.5. Hilfreiche Taktiken

Sämtliche bisher besprochenen Grundregeln bezogen sich auf die direkte Interaktion zwischen Ihnen und der anvisierten Dame. In der Praxis sind jedoch häufig noch weitere Personen am Set – ein Fakt, den wir nicht vergessen sollten, denn er kann Ihre Akquisechancen sowohl positiv als auch negativ beeinflussen.

Zunächst einmal kann es sein, dass Sie es nicht mit einem, sondern mit mehreren Zielobjekten zu tun haben. Auf einer größeren Party beispielsweise ist meistens nicht nur eine interessante Frau zu finden. Das macht die Sache auf der einen Seite natürlich aussichtsreicher, denn wenn es bei einer schief geht, haben Sie immer noch die Chance, bei einer der Verbleibenden zu landen. Weiterhin gibt Ihnen das Auftreten von Frauen in Gruppen die Möglichkeit, einen alten Kniff anzuwenden: In einer Gruppe von Damen werden sich immer unterschiedlich attraktive Exemplare finden – und oft sind die, die seltener von Männern angesprochen werden, offener für neue Kontakte. Um mit der Gruppe ins Gespräch zu kommen, sprechen Sie einfach eine Ihrer Freundinnen an und arbeiten

---

[28] Für 78% der Frauen steht fest: Wenn die erste Kontaktaufnahme nicht so klappt wie geplant, sollte der Mann nicht sofort aufgeben. 83% der Frauen sagen: „Wenn der Mann einmal einen Flirt angefangen hat, soll er auch konsequent weitermachen!"
[Prof. Henner Ertel, Leiter des Stuttgarter Instituts für Rationale Psychologie, Studie des Stuttgarter Instituts über das weibliche Flirtverhalten in Matador (2004)]

sich dann langsam zum eigentlichen Objekt Ihres Interesses vor. Diese indirekte Vorgehensweise reduziert die Abwehrhaltung der anvisierten Dame erheblich, weil der eigentliche Angriff nicht direkt auf sie erfolgt. Allerdings besteht dabei immer die Gefahr, dass Ihr Zielobjekt aus Loyalität ihrer Freundin gegenüber nicht auf Ihre Annäherungsversuche einsteigt. Fazit: Die Chance ist hier auch gleichzeitig das Risiko.

Darüber hinaus kann ein übergroßes Angebot an Zielobjekten die Sache auch kompliziert machen. Ich nenne dieses Phänomen den „Kojote-Flamingo-Effekt" – nach einem Aha-Erlebnis, das ich hatte, als ich eines Tages im Fernsehen eine Dokumentation über Kojoten sah, die an einem Salzsee mit vielen Flamingos lebten. Ein Kojote hatte beschlossen, etwas gegen seinen knurrenden Magen zu tun und sich einen schmackhaften Flamingo zu greifen. Also schlich er sich im Schutz der Ufersträucher so dicht wie möglich an die Herde heran – um dann plötzlich hervorzustürzen und sich eines der Federviecher zu schnappen. Während der Kojote also auf einen der Flamingos zusprintet, sieht er aus dem Augenwinkel einen anderen Flamingo, der noch fetter ist. Kurzentschlossen ändert er die Richtung und jagt auf diesen los. Als er ihn schon fast erreicht hat, sieht er fünf Meter weiter einen anderen Happen, der (man glaubt es kaum) noch schmackhafter aussieht als der zweite. Und schon stürmt er ohne nachzudenken auf diesen los. Leider schafft es der Vogel gerade noch, rechtzeitig aufzufliegen – wie inzwischen auch der gesamte Rest der Bande. Zurück bleibt der Kojote – auf dessen enttäuschtem Gesicht noch eine rosa Flamingofeder landet. Hätte der vierbeinige Jäger einen klaren Fokus gehabt und sich auf eines seiner Beutetiere konzentriert, wären seine Erfolgschancen wesentlich besser gewesen. Das Gleiche kann Ihnen auch auf der Party passieren! Während Sie aus dem Vollen schöpfen, sich mit jeder Dame mal unterhalten und sich in Sicherheit wiegen, dass die Auswahl groß genug ist, merken Sie gar nicht, wie die Zeit verstreicht und die ersten Hauptattraktionen bereits gehen. Irgendwann dämmert es Ihnen, dass Sie so langsam, aber sicher Nägel mit Köpfen machen müssten. Aber leider sind die meisten der noch anwesenden Damen inzwischen auch schon müde und nicht mehr in Flirtstimmung. Außerdem haben sie wahrscheinlich auch mitbekommen, an wie vielen Fronten Sie sich willkürlich engagiert haben, und sind nicht gewillt, diejenige zu sein, die sich am Ende doch noch von Ihnen einwickeln lässt. Denn fast alle Frauen legen Wert darauf, die Einzige zu sein, für die Sie sich interessieren.[29] Am Ende stehen Sie trotz des anfänglichen Überangebots plötzlich genauso verdattert da wie der Kojote und müssen den Abend, der so aussichtsreich begann, mit einer glatten Null unterm Strich beenden. Was ich damit sagen will: Wenn Sie die Party mit einem zufriedenen Lächeln verlassen wollen, achten Sie darauf, sich auf ein bis zwei Zielobjekte zu fokussieren!

Doch nicht nur auf der Beuteseite können wir es mit mehreren Exemplaren zu tun haben – häufig treten auch mehrere Jäger auf den Plan. In der Regel sind Sie ja abends nicht alleine unterwegs, sondern mit Ihren Jungs. Zum einen, weil man dabei eine Menge Spaß haben kann. Zum anderen, weil man so meistens erfolgreicher ist. Nicht umsonst jagen auch Wolfs- oder Löwenrudel in Gruppen. Erstens vermindern Sie den „Einsamer-Wolf"-Effekt beträchtlich, wenn Sie mit mehreren Jungs auf der Bildfläche erscheinen. Zweitens bietet sich die Möglichkeit, eine Variante der sogenannten „Wingman-Strategie"[30] anzuwenden. Ein Wingman ist ein Kumpel, der Sie beim Vorhaben, eine Frau anzusprechen, unterstützt. Er sollte nach Möglichkeit seine Schäfchen bereits im Trockenen haben (Frau, Freundin oder Affäre), so dass er Sie ohne Eigeninteresse unterstützen kann. Und das kann auf unterschiedliche Arten geschehen:

a) *Die Beschäftigungstherapie:* Diese Variante ist die bekannteste Wingman-Variante. Ganz sicher haben Sie die folgende Situation schon viel zu häufig erlebt: Sie haben in der Bar eine Frau kennen gelernt. Die Schöne schenkt Ihnen ein zauberhaftes Lächeln nach dem anderen, mit anderen Worten: Die Sache lässt sich gut an – bis Sie irgendwann das Mauerblümchen neben ihr bemerken und sich herausstellt, dass sie die

---

[29] „96 Prozent der Frauen legen größten Wert darauf, die Einzige zu sein, für die sich der Mann interessiert."
[Prof. Henner Ertel, Leiter des Stuttgarter Instituts für Rationale Psychologie, Studie des Stuttgarter Instituts über das weibliche Flirtverhalten in Matador (2004)]

Begleitung Ihrer Schönen ist. Ungefähr zwei Sekunden später kommt es, wie es kommen muss: Mauerblümchen fängt an zu nörgeln und will nach Hause, die Schöne willigt aus Anstand ein, und Sie müssen hilflos mit ansehen, wie die Sache den Bach runter geht! Alleine ist man gegen diesen Lauf der Dinge relativ machtlos – mit einem fähigen Wingman jedoch brauchen Sie sich fast keine Sorgen zu machen. Sobald klar ist, dass Gefahr durch ein Mauerblümchen droht, opfert sich der Wingman, tut so, als ob er Interesse an Mauerblümchen hätte und verwickelt es in ein Gespräch. So können Sie sich in seinem Feuerschutz ganz entspannt der Schönen widmen und das Projekt zu Ende bringen.

b) *Die künstliche Vereinsamung:* Wenn schon im Vorfeld ein Mauerblümchenproblem sichtbar wird, können Sie und Ihr Wingman diese an sich unschöne Konstellation sogar nutzen, um sich den Einstieg bei der Schönen zu vereinfachen. Ihr Wingman muss dazu einfach nur das Mauerblümchen ansprechen. Nach einigen Minuten wird sich die Schöne ein wenig einsam fühlen, weil niemand mit ihr redet. Und schon sind Sie da: der Held, der die schöne Dame vor der Vereinsamung rettet („Sag mal, willst du auch was trinken, solange sich die beiden unterhalten?").

c) *Good Guy – Bad Guy:* Diese Taktik kennen Sie alle aus Actionfilmen. Einer der Bullen mimt den harten Burschen, der andere gibt vor, dem zu Verhörenden helfen zu wollen. Dieser sieht in dem vertrauensvollen, freundlichen Cop seine einzige Chance und vertraut sich ihm an. Ein ähnliches Prinzip kann man in jedem Club durchführen. Ihr Wingman hat dabei die undankbare Aufgabe, sich penetrant daneben zu benehmen, sei es, dass er die Frau mehrmals auf eine wirklich plumpe Art anmacht oder sie unangenehm antanzt. Das Zielobjekt fühlt sich belästigt – aber zum Glück gibt es einen Retter in der Not: SIE! Dabei können Sie im Prinzip ruhig zugeben, dass der Unhold Ihr Freund ist – Sie wissen

---

[30] Der Begriff wurde bekannt nach dem Film „Top Gun", in dem die Kampfpiloten Zweiterteams bilden, die einander gegenseitig unterstützen. Iceman (Val Kilmer) war dort im großartigen Finale der Wingman von Maverick (Tom Cruise).

auch nicht, was heute mit ihm los ist! Wie auch immer: Sie weisen ihn deutlich zurecht. Und kaum hat er sich getrollt, sind Sie unversehens mitten im Gespräch mit der Dame, die natürlich froh ist, einen der wenigen Gentlemen im Laden kennen gelernt zu haben. Kleiner Tipp am Rande: Um die Freundschaft mit Ihrem Kumpel zu schonen, sollten Sie diesen Einsatz nicht allzu oft in seinem Stamm-Club von ihm verlangen!

d) *Der Doppel-Checker:* Dieses Vorgehen ist eine der wenigen Strategien, von denen beide Teammitglieder profitieren – also nicht nur Sie selbst, sondern auch Ihr Wingman. Dies ist somit die einzige Wingman-Strategie, die Sie selbst dann anwenden können, wenn Ihr Kollege auch auf der Suche ist, und hilft auf sehr schnelle und effiziente Weise, interessierte Damen zu identifizieren. Und das geht so: Sie beide schlendern langsam durch den Laden – wobei Ihr Wingman ca. drei Meter hinter Ihnen geht. Aus dieser Position kann er ganz genau die Reaktionen der Damen registrieren. Er sieht genau, wer Ihnen nachschaut oder welche Mädels hinter Ihrem Rücken zu tuscheln anfangen – und kann Ihnen deswegen nach der Runde genau sagen, bei welchen Damen Sie es einmal versuchen sollten. Aber aufgemerkt: Natürlich starten Sie als echter Kumpel keine Attacke, bevor Sie Ihrem Wingman nicht denselben Gefallen getan haben.

e) *Der Wolf im Schafspelz:* Mit dieser äußerst cleveren Strategie lässt sich der Abwehrmechanismus Ihres Zielobjekts nahezu vollständig ausschalten. Allerdings ist dazu ein weiblicher Wingman erforderlich. In der Regel ist das eine Frau, mit der Sie schon seit langem befreundet sind und mit der Sie keinerlei sexuelles Interesse verbindet – am besten ist sie gerade schwer verliebt und steckt in einer Beziehung. Das Vorgehen: Begeben Sie sich mit der Wingwoman in die Nähe der anvisierten Frau. Nach einigen Minuten (in denen Sie Ihr Zielobjekt nicht einmal angeschaut haben) verlassen Sie den Ort des Geschehens für ein paar Minuten und gehen Getränke holen. In dieser Zeit bleibt Wingwoman ganz allein gelassen an der Bar zurück. Sie wird nun ganz zwanglos mit Ihrer Nachbarin ins Gespräch kommen. Diese wittert nichts Böses und denkt, Wingwoman will sich nur ein wenig unterhalten, um sich die Zeit zu vertreiben. Weit gefehlt – denn sobald Sie wieder da sind, stellt Wingwoman Sie natürlich der Dame vor und Sie sind mittendrin im Gespräch, ohne dass die Angesprochene auch nur merkt, dass sie gerade Ziel eines Akquisemanövers geworden ist. Bei nächster Gelegenheit muss Wingwoman mal nach den anderen sehen und überlässt Ihnen das Spielfeld.

E2. Das Gespräch

Solange wie wir uns nun mit dem Erstkontakt beschäftigt haben, könnte man fast vergessen, dass dieser erst die halbe Miete einer erfolgreich abgeschlossenen Akquise ist. Denn haben Sie es geschafft, diese erste Hürde zu nehmen und sind erfolgreich mit einer schönen Frau in Kontakt gekommen, haben Sie keine Zeit zum Durchatmen – Sie stehen sofort vor der zweiten Schwierigkeit: Sie müssen sich mit der Dame so lange unterhalten, bis ihr Interesse an Ihnen zumindest so weit geweckt ist, dass sie Lust auf ein Wiedersehen bekommt. Und das ist manchmal schwieriger, als der Erstkontakt selbst. Denn Sie stehen vor einem Menschen, den Sie nicht kennen. Anknüpfungspunkte für ein Gespräch zu finden ist verdammt schwer. Genau da liegt der größte Risikofaktor. Wenn Sie beide sich von Anfang an so unterhalten, als ob Sie alte Bekannte wären, kann die Eroberung kaum noch schiefgehen. Haben Sie dagegen alle 30 Sekunden mit einer unangenehmen Gesprächspause zu kämpfen, wird aus Ihrer geplanten Romanze mit ziemlicher Sicherheit nichts. In solchen Momenten tritt das große Schreckgespenst auf, das eine Akquise todsicher gegen die Wand fahren lässt: Das Gefühl von Fremdheit, das einen Graben entstehen lässt, der mit jeder erneuten Gesprächspause größer wird. Sie müssen also das Gespräch aufrecht erhalten, um erfolgreich zu sein. Nein, eigentlich noch mehr: Es reicht keinesfalls aus, wenn Sie den Patienten nur mit Mühe und Not am Leben erhalten. Es muss eine unterhaltsame Konversation entstehen, von der zumindest Ihre Herzensdame das Gefühl hat, dass sie ungezwungen und anregend verläuft. Wie aber stellt man das nun an? Worauf muss man achten, damit sich die Unterhaltung federleicht anfühlt?

Zunächst einmal: Es muss auf beiden Seiten die Offenheit da sein, den anderen auch kennen lernen zu wollen. Jedem von uns passiert es mehr oder weniger häufig, dass einem von Seiten der Dame absolutes Desinteresse oder gar Antipathie entgegenschlägt. Ist das der Fall, kann man sich auf den Kopf stellen und man wird trotzdem nicht über 30 Sekunden Unterhaltung hinauskommen. Machen Sie sich darüber keinen Kopf, solche Fehlschläge sind absolut normal[31]. Im Gegenteil: Sie können sich in diesem Fall auf die Schulter klopfen, dass Sie den Erstkontakt erfolgreich gemeistert haben und überhaupt ins Gespräch gekommen sind.

Nehmen wir aber an, die schöne Frau hat prinzipiell Interesse an einer Unterhaltung. Dann haben Sie zwei Möglichkeiten, das Gespräch in Gang zu halten. Erstens: Sie spielen den Entertainer. Diese Taktik sollten Sie nur anwenden, wenn Sie in einer absoluten Champagnerlaune sind und das Gefühl haben, ihr Herz mit Leichtigkeit im Sturm erobern zu können. Denn dieses Vorgehen ist nicht ganz risikolos. Nur zu leicht wird die eigene Kreativität gedämpft, wenn man merkt, dass man nicht ganz den Humor des kleinen Schmetterlings getroffen hat. Oder aber man bemerkt aufgrund der eigenen Hochstimmung ihre negativen Signale nicht und macht die Situation mit jedem Satz schlimmer. In beiden Fällen ist diese Taktik risikoreich, weil sofort eine Gesprächslücke entsteht, wenn Ihnen nichts mehr einfällt. Die Entertainernummer ist insofern eher etwas für Abende, an denen es Ihnen hauptsächlich um Ihren eigenen Spaß geht, die Resultate aber nicht so wichtig sind.

Sind Sie aber auf Erfolge angewiesen, weil Sie sich gerade einsam fühlen, sollten Sie einen sichereren Weg wählen. Jeder erzählt gerne von sich selbst und freut sich, wenn andere interessiert zuhören und nachfragen. Diesen Fakt können Sie für sich nutzen. Bringen Sie die Dame zum Sprechen! Haben Sie das einmal geschafft, wird es sehr einfach, den Gesprächsfluss in Gang zu halten. Seien Sie einfach ein guter Zuhörer, stellen Sie weiterführende Fragen, ziehen Sie sie an ein paar ausgewählten Stellen ein wenig durch den Kakao und machen Sie der Dame ein paar Komplimente – und schon wird die Süße Sie als einen sehr interessanten Gesprächspartner in Erinnerung behalten!

Wie aber bringt man jemanden zum Sprechen? Nicht alle Fragen sind dafür gleich gut. Manche provozieren sogar Gesprächspausen. Geschlossene Fragen wie „Schön hier, oder?", die nur mit „Ja" oder „Nein" beantwortet werden können, sind ein absolutes No-Go und wirken wie Verlegenheitsfloskeln, um eine Gesprächslücke zu füllen. Besser kann man sich nicht als Epizentrum der Langeweile darstellen. Deshalb gilt:

Alles, was Sie sagen, sollte bereits einen
weiterführenden Gedanken enthalten – quasi als
Vorlage für Ihre Gesprächspartnerin.

Sprich: Ihr jeweils letzter Satz sollte eine Frage sein, die der Frau die Möglichkeit zu einer umfangreicheren Stellungnahme verschafft. Klingt einfach, erfordert aber höchste verbale Virtuosität!

Lassen Sie uns noch einmal auf die Frage „Schön hier, oder?" zurückkommen. Prinzipiell ist es immer eine gute Idee, Themen aus der direkten Umgebung zu wählen, weil sowohl Sie als auch Ihr Gegenüber einen Bezug dazu haben. Insofern ist der Ansatz schon mal nicht schlecht. Wenn wir nun die Frage ein wenig offener formulieren, z. B. „Mann, Hamburg ist so schön – ich vermisse meine Heimatstadt jedes Mal, wenn ich für länger weg muss. Geht dir das auch so?", gibt ihr das die Möglichkeit, etwas über sich zu erzählen, z. B. was Sie an Hamburg so liebt oder wann und warum Sie das letzte Mal für eine längere Zeit weg war. Und schon sind Sie in der wunderbaren Position des interessierten Zuhörers.

Wählen Sie also nach Möglichkeit offene Fragen,
die Ihrer Gesprächspartnerin eine umfassende
Antwort ermöglichen.

Eine weitere, nicht ganz so schöne, aber zumindest vorübergehend hilfreiche Variante ist auch „Mann, ist das schön hier! Das erinnert mich irgendwie an…". Diese ermöglicht es Ihnen wenigstens, etwas aus Ihrem Leben zu erzählen – eine gegenüber der Gesprächpause allemal zu bevorzugende Alternative. Wenn Sie also irgendetwas an eine gute Ge-

---

[31] Im Durchschnitt verlaufen trotz erfolgreichem Erstkontakt ca. 40 % der Gespräche im Sande. [Quelle: Umfrage Trend Reserach]

schichte erinnert – nichts wie raus damit! Damit haben Sie sie zwar noch nicht zum Sprechen gebracht, aber zumindest haben Sie erst mal Gesprächsstoff und vielleicht liefert ein Kommentar der Dame bezüglich Ihrer Story ja einen Ansatzpunkt für eine weitere Frage.

Neben Gesprächsthemen aus Ihrer eigenen Erfahrung können Sie natürlich auch die Dinge, die Ihnen direkt an Ihrer Gesprächspartnerin oder Ihrem Verhalten auffallen, als Anknüpfungspunkte nehmen. Dabei sind Aussagen, die leicht provozierend sind („Du trägst ja immer noch deine Jacke – bist du auch eine von den Frauen, denen man dreimal täglich eine Wärmflasche machen muss, weil sie ständig frieren?"), oft am effektivsten, weil sie sie zum Lachen bringen und gleichzeitig Raum für weiteres scherzhaftes Geplauder sind. Negative oder mitleidige Bemerkungen hingegen („Mann, ist das ein mieser Laden – gefällt's dir hier genauso wenig wie mir?" oder „Du bist so still – hast du schlechte Laune?") kann sie ganz schnell als persönliche Kritik oder Nörgelei auffassen und dann sind Sie schneller aus der Nummer raus, als Sie es sich träumen lassen.

Wie auch immer Sie es angehen – wenn Ihnen Fortuna wohl gesinnt ist, haben Sie nach ein paar Schüssen ins Blaue endlich ein Thema erwischt, welches die Süße begeistert, und sie fängt an zu erzählen. Jetzt haben Sie es fast schon geschafft. Sie können nun sehr einfach den Ball bis zum Abschluss im Spiel halten – wenn Sie auch Interesse an dem Thema zeigen. Hat die Frau aber das Gefühl, dass ihre Geschichte anfängt, Sie zu langweilen, wird sie ganz schnell wieder verstummen. Für die Holzklötze unter uns, deren Einfühlungsvermögen zu wünschen übrig lässt: Interesse zeigt sich immer daran, dass Sie ihr durch gezielte Nachfragen signalisieren, dass Sie ihr gedanklich folgen und an ihren Erzählungen und ihrer Meinung interessiert sind. Auch gut: das Gesagte mit eigenen Gedanken und Erfahrungen kommentieren.

Wenn Sie die Kunst, Frauen zum Reden zu bewegen und auf sie einzugehen, beherrschen, dann haben Sie bereits das Wichtigste gelernt. Allerdings ist das erst die Pflichtvorstellung – zur Kür sind noch ein paar zusätzliche Dinge zu beachten. Über das „Zum-Reden-Bringen" hinaus gibt es noch einige andere Tricks und Kniffe, die für einen besseren Gesprächsverlauf sorgen.

Frauen wollen berührt werden: Berührungen sind bei Frauen ein wichtiges Kommunikationsmittel. Frauen berühren sich bei Unterhaltungen untereinander vier- bis sechsmal häufiger als Männer. Wenn sie sich in einer Unterhaltung wohl fühlen, suchen sie in der Regel Nähe durch körperlichen Kontakt. Ergo:

Wohldosierte Berührungen können deswegen hilfreich sein, um die anfängliche Anspannung zwischen ihnen beiden etwas zu lösen.[32]

Um jegliche Missverständnisse auszuschließen: Berühren heißt nicht begrapschen. Gemeint sind Berührungen am Ober- oder Unterarm, die sich auf natürliche Weise im Laufe des Gesprächs alle paar Minuten ergeben, z. B.

- um die Frau auf etwas aufmerksam zu machen
- um eine Frau bei Spaziergängen zu lenken
- wenn Sie sich zu einer Frau herüberbeugen und sie am Oberarm etwas zu sich heranziehen, etwa um ihr etwas zu sagen, was Umstehende nicht hören sollen oder weil die Musik so laut ist
- wenn Sie bei einem Scherz leicht ihren Arm berühren

Dabei ist es ganz wichtig, dass die Berührungen natürlich wirken. Das tun sie nur, wenn Sie selbst kein schlechtes Gewissen dabei haben und deswegen verkrampft wirken oder unmerklich zögern. Versuchen Sie also, das Ganze so beiläufig wie möglich wirken zu lassen. Machen Sie es wie ein Zauberkünstler, der sein Publikum durch eine Aktion vom eigentlichen Ort des Geschehens ablenkt. Dazu können Sie z. B. in die Richtung von etwas schauen, über das Sie gerade reden, und so tun, als würden Sie gar nicht merken, dass Sie sie gerade berühren.

---

[32] 74 % aller befragten Frauen empfanden bei einem ersten Flirt nichtzweideutige Berührungen als angenehm. (Frage: „Sie haben Ihren ersten Flirt mit einem Mann, der Sie berührt. Welche Berührungen empfinden Sie als angenehm?")
[Quelle: Umfrage Trend Reserach]

Stellen Sie möglichst schnell ein Gefühl von Bekanntheit her: Der Schlüssel zum Erfolg liegt darin, den Graben der Fremdheit zwischen Ihnen möglichst schnell verschwinden zu lassen – das haben wir jetzt bereits ein paarmal festgestellt. Deswegen: Immer wenn Sie in eine Gesprächssituation geraten, in der Sie sie gern auf den Arm nehmen würden, nehmen Sie kein Blatt vor den Mund und lassen Sie Ihrem inneren Spitzbuben freien Lauf! Wer zu viel Vorsicht walten lässt, betont damit nur den Fakt, dass Sie sich erst seit einer halben Stunde kennen.

Machen Sie ihr Komplimente: So abgeschmackt es Ihnen erscheinen mag – Komplimente gefallen Frauen immer. Sie sollten deswegen ziemlich schnell auf das hinweisen, was Ihnen an ihr auf Anhieb gefallen hat (natürlich nur, wenn es nicht gerade ihre wohlgeformten Brüste waren!). Allerdings sollten Sie auf ein paar Dinge achten, sonst stehen Sie schnell als Schleimer da – und dann sind Sie ganz schnell aus dem Rennen!

- *Machen Sie nicht zu viele Komplimente:* Wird eine Frau mit Nettigkeiten überschüttet, wird sie Sie nicht mehr ernst nehmen und denken, dass Sie sich nur einschleimen wollen.
- *Bleiben Sie ehrlich und realistisch:* Wenn Ihre Komplimente allzu krass von der Wirklichkeit abweichen, kann es ebenfalls so wirken, als würden Sie willkürlich irgendetwas sagen, um die Dame einzuwickeln.
- *Wiederholen Sie sich nicht:* Sagen Sie einer Frau dasselbe zweimal, kann es so wirken, als ob Ihnen nichts Besseres einfällt. Auch wenn Sie es in Wirklichkeit nur noch einmal betonen wollten – meistens erzeugen Sie durch die Wiederholung eine unangenehme Gesprächspause, weil die Frau nicht weiß, was sie außer „Danke" noch darauf antworten soll.
- *Machen Sie Komplimente möglichst indirekt:* Bei offenen Komplimenten („Ich finde, du bist eine wunderschöne Frau") bleibt ihr als Antwort außer „Danke" nicht viel übrig – und danach entsteht immer ein kleiner Bruch. Verstecken Sie es stattdessen lieber in einem kleinen Nebensatz, z. B. „Weißt du, ich esse halt lieber mit einer schönen Frau als alleine" wenn Sie sich gerade zu ihr an den

Tisch gesetzt haben. Nach einem leicht verborgenen Kompliment ist es immer leichter, das Gespräch weiterzuführen, weil es in dem Satz eigentlich nicht um ihre Schönheit, sondern um Ihre Vorlieben beim Essen ging. Sie kann z. B. mit einem schnippischen „Ach, und da hast du dich zu mir gesetzt?" antworten.

Finden Sie einen Running Gag: Klassische Quellen für Running Gags sind Versprecher. Sie sind beispielsweise auf einer Geburtstagsparty und ein Mädel fragt, ob Sie ihr die Bierflasche öffnen könnten. Als echter Gentleman tun Sie das natürlich und danach schaut die Frau Sie fragend an und sagt: „Hast du eine Idee, wo wir die Pfropfen hintun können?" (Was sie meint, sind natürlich die Kronkorken). Im weiteren Verlauf der Unterhaltung sollten Sie als alter Hase daraus einen Running Gag gestalten. Sie können sie z. B. ganz beiläufig fragen, ob sie eigentlich wüsste, wie der Pfropfen um die Bierflasche geschlossen wird. Oder einen Ihrer Freunde laut bitten, Ihnen zwei Bier aus der Küche mitzubringen, aber doch bitte vorher die Pfropfen abzumachen. Damit werden Sie viele Male ein Lächeln auf ihre Lippen zaubern können. Was jedoch noch viel wichtiger ist: Wenn Sie den Witz öffentlich machen, werden alle anderen sie verständnislos anschauen und nur Sie beide werden sich kringeln. Und das ist der eigentliche Trick bei Running Gags: Der Witz ist etwas, über das nur Sie beide lachen können, weil nur Sie die Hintergründe kennen. Und dieses kleine gemeinsame Geheimnis erzeugt ein Zusammengehörigkeitsgefühl bzw. ein Bündnis gegenüber den anderen.

Gestik und Mimik: Auch zu diesem Thema sind bereits große Standardwerke verfasst worden. Wer sich in die Thematik tiefer einarbeiten möchte, dem sei „Die kalte Schulter und der warme Händedruck" von Allen und Barbara Pease ans Herz gelegt. Ich möchte mich kurz fassen: Die Körpersprache drückt Ihr eigenes Befinden aus. Wenn Sie sich souverän fühlen, dann wird Ihre Körpersprache das auch verraten. Sie werden der Dame in die Augen schauen können und den Körper in einer entspannten und geöffneten Position halten. Wenn Sie unsicher und nicht Herr der Lage sind, dann werden Sie mit Sicherheit nicht sämtliche Reflexe so bewusst unter Kontrolle haben, dass die Ihnen gegenüberstehende Dame das nicht auch bemerkt. Ich halte es insofern für besser, an Ihrer Einstellung und an Ihrem Selbstvertrauen zu arbeiten – die Körpersprache regelt sich dann von allein. Ein Trick, den ich regelmäßig sowohl beim Erstkontakt als auch beim anschließenden Gespräch angewendet habe, ist, dass ich mir einfach vorstelle, die Dame schon seit Jahren zu kennen. Bei alten Bekannten ist man viel entspannter, offener, kecker und eloquenter als gegenüber Fremden. Diese kleine Selbstbetrügerei sorgt für eine entspannte Gesprächsatmosphäre, weil die kleinen verbalen und körpersprachlichen Hürden, die durch Befangenheit entstehen, ganz einfach verschwinden.

Genauso interessant wie Ihre eigene Körpersprache ist natürlich die Ihrer anvisierten Beute. Positive Signale sind zum Beispiel:

- Neigen des Kopfes leicht nach vorn und zur Seite (sie zeigt Ihnen den Hals)
- Spielen mit den Haaren
- Klimpernde Augenlider
- Streichelbewegungen (Oberschenkel, Ohrläppchen, Stiel des Weinglases)
- vorgeschobenes Becken
- Positionierung des Knies oder eines Fußes in Ihre Richtung
- lange Blicke
- hohe Stimme

Allerdings muss ein Ausbleiben dieser Signale nicht heißen, dass die Dame Sie nicht mag. Es kann unterschiedlichste Gründe haben, dass Ihre Auserwählte (noch) nicht positiv auf Sie reagiert. Mögliche Ursachen: Sie weiß noch nicht, was sie von Ihnen halten soll und ist unentspannt, weil ihre Freundin wartet. Lassen Sie sich also nicht entmutigen, sonst blockieren Sie sich selbst. Bemühen Sie sich erst mal zehn Minuten mit Vollgas und dann können Sie langsam anfangen, auf Ihre Körpersprache zu achten.

So viel erst einmal zum Gespräch, das sich aus dem Erstkontakt ergibt. Ich habe Ihnen eine ganze Menge Tipps und Regeln geliefert, die Ansatzpunkte zur Verbesserung Ihrer Kontaktaufnahme sein können. In der Realität ist aber jeder Ansprechversuch und jede Frau verschieden und keine Regel hat universelle Gültigkeit. Manchmal ist man sogar am erfolgreichsten, wenn man gegen Regeln verstößt. Insofern: Nehmen Sie diese Regeln als Ansatzpunkte, aber finden Sie so schnell wie möglich Ihren eigenen Stil. Je nachdem, ob Sie eher der aufgekratzte Typ sind, der gern im Mittelpunkt steht, oder eher der, der aus dem Hintergrund agiert. Sie sollten die Grundregeln so verinnerlicht haben, dass Sie sie ganz instinktiv anwenden und sich deswegen ganz individuell auf die speziellen Eigenarten der jeweiligen Dame konzentrieren können. Und bereits bei den ersten Gehversuchen auf dem Weg dorthin werden Sie auf einmal überrascht merken: Sie haben eine erfolgreiche Akquise durchgeführt – und es war eigentlich keine Hexerei. Sie haben sich lediglich mal einen kräftigen Tritt in den Hintern gegeben und es einfach versucht – und können plötzlich Erfolge verbuchen.

F. Akquisebasierte Probleme: die äußeren Umstände

Nachdem wir nun das zentral wichtige Kapitel über Technik und Training abgeschlossen haben, noch einmal kurz zur Orientierung: Wir waren bei den Einflussfaktoren auf das Akquisepotenzial. Und als letzter unbesprochener Punkt verbleiben die äußeren Umstände.

Ich möchte mich in diesem Kapitel sehr kurz fassen und nicht im Detail die Vor- und Nachteile von Bar, Disco, Supermarkt oder Fitnesscenter in Bezug auf das Kennenlernen von Frauen abwägen. Jeder hat seine persönlichen Vorlieben und Stärken, was die Orte und Umstände des Kennenlernens betrifft, und muss diese für sich selbst herausfinden. Wichtig ist unterm Strich nur eines: Schaffen Sie möglichst viele Berührungspunkte mit anderen Menschen. Wenn Sie den Abend alleine vor dem Fernseher verbracht haben, werden sich am nächsten Morgen die Zettelchen mit Telefonnummern von neuen Bekanntschaften nicht unbedingt auf dem Wohnzimmertisch stapeln. Wenn Sie nicht mit neuen Menschen zusammentreffen, können Sie der heißeste Typ der Welt sein – am Ende eines Abends, den Sie allein vor der Glotze verbracht haben, werden Sie bestandstechnisch genauso dastehen wie zuvor. Wenn Sie also Frauen kennen lernen wollen, dann gehen Sie raus an Orte, wo Menschen zusammenkommen! Trommeln Sie Ihre Jungs zusammen und ziehen Sie durch ein paar belebte Bars, fahren Sie am Wochenende an den Strand oder an den See! Gehen Sie ins Fitnesscenter, organisieren Sie einen offenen Grillabend im Stadtpark und halten Sie im Supermarkt die Augen offen! Sie müssen für möglichst viele Berührungspunkte mit anderen Menschen sorgen, dann entstehen Möglichkeiten für eine Akquise – und Sie können Ihren Marktwert, Ihre blendende mentale Verfassung und Ihre ausgefeilte Technik voll zur Geltung bringen!

Teil 3: Die Strategien

Jetzt haben Sie also das Rüstzeug für die Sicherstellung einer Mindestmenge an Affären zur Hand. Im Folgenden stellt sich nun die Frage, wie diese zu managen sind, damit Sie Ihre Bedürfnisse möglichst gut erfüllen können, also die Frage nach der optimalen Strategie. Um sicherzugehen, dass eine Strategie die absolut beste ist, ist es notwendig, alle möglichen Vorgehensweisen zu analysieren und zu bewerten. Wir kommen also nicht drum herum, alle existierenden Strategien des Affärenmanagements zu identifizieren und zusammenzustellen.

Welche Verhaltensstrategien lassen sich in der Praxis beobachten?

A. Männliche Standardstrategien

Wir Männer sind glücklicherweise relativ einfach gestrickt. Das macht es leicht, die verschiedenen Stile des Affärenmanagements zu erfassen – es sind schließlich nur drei.

1. *Der Jungbulle:* Der simple Ansatz dieser Vorgehensweise lautet: Viel hilft viel! Je mehr Damen man möglichst gleichzeitig seine Aufmerksamkeit schenkt, desto geringer scheint die Chance, dass man auf einmal gänzlich ohne dasteht. Es wird also alles angebaggert, was dem Jungbullen über den Weg läuft. Dabei heiligt der Zweck die Mittel, d. h., Lügen sind ein zur Zielerreichung legitimes Mittel, und auf die Gefühle der Beute wird keine Rücksicht genommen.

Der Jungbulle beschränkt sich auf Kurzaffären von maximal drei Wochen oder One-Night-Stands. Weil er mit seiner rücksichtslosen Art die Gefühle seiner Opfer weit mehr als notwendig verletzt, ist sein Verhältnis mit den Verflossenen in der Regel sehr unterkühlt. Wenn man sich ein wenig in der Praxis umsieht, ist dies ein steinzeitlich-brachialer Ansatz, der vom Großteil unserer jüngeren männlichen Mitstreiter verfolgt wird.

2. *Der Prinz:* Er hat seinen Namen aufgrund seiner romantischen Ader. Und er hat nur ein Ziel: seine Prinzessin. Bei der Jagd legt er deswegen ein extremes Qualitätsbewusstsein an den Tag. Eine Attacke auf minder-

oder auch mittelwertige Exemplare bleibt aus. Während der Single-Phase ist der Prinz deswegen häufig ohne jede weibliche Begleitung anzutreffen. Hat er jedoch eine Frau an der Angel, wird diese von Beginn an auf Rosen gebettet. In dieser Phase verliert der Prinz jegliches Interesse an weiteren Zielobjekten und stellt jegliche Aktivitäten an anderen Fronten ein. Sein Vorgehen ist ganz klar auf eine Beziehung ausgerichtet. Vertreter dieser Strategie sind häufig Männer, die der Jungbullenstrategie überdrüssig sind und sich nun nach tieferen Gefühlen sehnen – also ausschließlich auf der Suche nach ihrer Traumfrau sind.

2. *Der Schmalhans:* Die Schmalhansstrategie dient im Grunde der Vermeidung von Enttäuschungen und wird leider von viel zu vielen unserer männlichen Kollegen verfolgt. Den Schmalhans wird man selten oder nie bei einem Akquiseversuch beobachten können – weswegen er permanent mit extrem knappen oder nicht vorhandenen Beuteressourcen zu kämpfen hat (daher auch der Name). Der Grund für seine Passivität ist, dass er sich selbst für wenig attraktiv hält und Angst hat, enttäuscht zu werden. Die meisten Schmalhänse geben das jedoch nicht offen zu – nicht einmal vor sich selbst. Sie fahren eine Vermeidungsstrategie, die verhindert, dass sie sich dem Problem stellen müssen. Wer sich einer attraktiven Frau gegenübersieht, spürt natürlich den ersten Impuls eines jeden Mannes „Die Puppe würde ich gerne kennen lernen!". Der Schmalhans wird indes von seiner Angst zurückgehalten. Um jedoch vor sich selbst (ggf. auch seinen Kumpels) nicht als Angsthase dazustehen, legt er sich eine Ausrede für seine Passivität zurecht wie „Na, so toll ist die nun auch wieder nicht", „Nee, die ist mir zu dick" oder irgendetwas in der Art. Er wird sicher nicht sagen: „Freunde, ich hab einfach nicht den Mumm, sie anzusprechen." Das Ende vom Lied kann sich jeder denken: Der Schmalhans geht natürlich alleine nach Hause. Bei einigen Schmalhänsen gräbt sich dieses Vermeidungsverhalten so stark ein, dass sie sogar Situationen, in denen sie Frauen kennen lernen könnten, aktiv aus dem Weg gehen. Sie haben stattdessen angefangen, Bestätigung aus anderen Dingen zu ziehen, bei denen sie sich unglaublich engagieren – das kann von der Beschäftigung mit dem Computer bis zum Vergraben in Arbeit reichen. Auch wenn dieses Verhalten sehr produktiv sein kann, so ist es doch für

das langfristige psychische Wohlbefinden ungesund, weil es einfach nicht den natürlichen Bedürfnissen entspricht.

Wie aber reagiert der Schmalhans, wenn sich doch einmal ein Schmetterling in seinem Netz verfangen hat? Er konzentriert sich voll und ganz und mit großem Eifer auf seine Neuerwerbung. Dies ist aber nicht wie beim Prinzen auf die hohe Beutequalität zurückzuführen, sondern auf die Tatsache, dass für Vertreter dieser Strategie ein Beutestück per se etwas Besonderes ist. Bei einer kurzfristigen Bestandsspitze von zwei Damen wird er jedoch plötzlich auf die Jungbullenstrategie umschwenken, weil er keinesfalls so fokussiert auf die eine Beute ist wie der Prinz. Schafft der Schmalhans es langfristig, seine Akquiseschwäche zu beseitigen, so wird er sich einer der beiden obigen Strategien zuwenden. Die Schmalhansstrategie ist daher eigentlich keine aktive Strategie, sondern eher ein aus der Not geborenes Verhalten. Insofern möchte ich diese Variante aus der weiteren Betrachtung ausschließen.

Und schon sind wir wieder einen Schritt weiter in unserer Untersuchung: Wir haben die existierenden männlichen Standardstrategien bestimmt.

Einige von Ihnen werden sich vielleicht nach diesem Kapitel fragen: Nach welcher Standardstrategie agiere ich eigentlich? Nun – in der Praxis lässt sich das häufig nicht klar bestimmen. Das liegt daran, dass die wenigsten Männer eine klare Strategie verfolgen, sondern sich einfach so verhalten, wie ihnen im Moment zumute ist. Männer, die gerade aus einer Beziehung kommen, tendieren eher zum Jungbullen, Langzeit-Singles vielleicht eher zum Prinzen. In schlechten Zeiten, die lange andauern, kann jeder von uns auf die Schmalhansstrategie zurückfallen. Die reine und extreme Form der jeweiligen Strategien sind in der Praxis also quasi nicht anzutreffen. Um jedoch die Vorteile und Nachteile der einzelnen Verhaltensweisen später deutlicher hervortreten zu lassen, möchte ich die reinen Formen der drei Strategien miteinander vergleichen.

So, und nun habe ich Sie lange genug auf die Folter gespannt – kommen wir zum Kern des Buches: der Haifischzahnstrategie!

B. Die Haifischzahnstrategie

Der Haifisch hat ein sogenanntes Revolvergebiss. Dieses besteht aus einer Reihe aktiver Zähne, die er zum Schnappen seiner Beute gebraucht, sowie mehreren Reihen dahinter liegender passiver Zähne. Sobald ein Zahn der vorderen Reihe ausfällt oder herausgebrochen wird, rücken die passiven Zähne einfach nach und schließen die Lücke. Dabei nutzt der Hai in erster Linie den vordersten Zahn anstatt alle Zähne gleichzeitig. Würde er alle gleich stark beanspruchen, würden sich auch alle Zähne gleichzeitig abnutzen, und eines Tages müsste der Hai sich nach einem Satz dritter Zähne umschauen. Da er die ihm zur Verfügung stehenden Zahnressourcen jedoch wesentlich effizienter nutzt, hat unser Hai jederzeit den richtigen Biss!

Was hat das nun mit uns Männern zu tun? Lernen Sie vom Haifisch und kümmern Sie sich zielgerichtet um EINE Dame, nämlich das momentane Glanzstück der Galerie! Diese Dame ist Ihr aktiver Zahn. Dabei kann es sich entweder um eine Liaison handeln, bei der Sie sich noch nicht sicher sind, ob Sie gerne eine Beziehung mit der jeweiligen Dame eingehen würden, oder aber von vornherein ein begrenztes Interesse Ihrerseits besteht. Es geht nicht um die Annäherungsphase mit einer Frau, in der Sie nach dem ersten Eindruck sofort Ihre Traumfrau erkannt haben (dazu mehr im Kapitel „Der scharfe Zahn – die Traumfrau").

Sämtliche anderen Bekanntschaften sind Ihre passiven Zähne, bleiben erst mal in der Warteschleife und werden frühestens dann ernsthaft umworben, wenn Ihr aktiver Zahn abhanden gekommen ist.

Aber lassen Sie uns der Reihe nach vorgehen, die passiven Affären erst mal beiseitelegen und uns genauer um Ihre aktive Affäre kümmern. Was genau unterscheidet also eine aktive Affäre im Sinne der Haifischzahnstrategie von einer herkömmlichen?

B1. Der aktive Zahn

Die besonderen Charakteristika einer aktiven Affäre sind lediglich drei Punkte:

a) *Temporäre Treue:* Die „temporäre Treue" ist absolut entscheidend. Die Dame Ihrer Wahl muss sich darauf verlassen können, dass es keine zweite Frau mit dem Status „aktive Affäre" gibt – nur so kann sich ein Vertrauensverhältnis zwischen Ihnen entwickeln, das die Grundlage für die emotionale Zuwendung schafft, die Sie gerade in schwierigen Zeiten brauchen. Überdies erzeugt eine serielle Vorgehensweise sehr viel weniger verletzte Gefühle, als dies bei parallelen Affären der Fall wäre. Wer mehrgleisig fährt, muss lügen. Kommt Ihnen eine Frau dabei auf die Schliche, ist die Sache in der Regel vorbei – und Sie hinterlassen verbrannte Erde. Haben Sie hingegen nur eine Geschichte laufen, werden Sie Ihrer Affäre mit ziemlicher Sicherheit auch später, wenn sich die aufgewühlten Gefühle nach Ende Ihres Abenteuers wieder ein wenig beruhigt haben, mit einem kleinen Lächeln in die Augen schauen können.

Nun mag mancher sich die Frage stellen, wo denn nun noch der Unterschied zu einer Beziehung liegt. Denn für viele ist das Versprechen von Treue das wichtigste Kriterium einer Beziehung. Nach diesem Maßstab müsste man auch die aktive Affäre als eine Beziehung bezeichnen. Allerdings wohl nur als Kurzbeziehung, da eine Affäre in der Regel nur ein paar Wochen, höchstens einige Monate dauert. Genau hierin liegt dann der Unterschied zwischen aktiver Affäre und Beziehung. Für mich ist eine Beziehung etwas, das von beiden Beteiligten die Absicht voraussetzt, einen längeren Teil des Lebens miteinander verbringen zu wollen. Und die Bereitschaft, sich für dieses Ziel einzusetzen, dafür zurückzustecken und auch schwierige Zeiten zusammen zu meistern. Alles dies ist nicht Teil einer aktiven Affäre. Letztere ist eine Liaison mit zwar undefiniertem, aber absehbarem Ende, nur sehr begrenzten Verpflichtungen und ohne zukunftsbezogene Absichtserklärung.

b) *Vermeidung überhöhter Erwartungen bei ihr:* Bleiben Sie auf dem Boden der Tatsachen und wecken Sie bei Ihrer Begleiterin keine falschen Erwartungen. Wenn Sie nicht wirklich unsterblich in eine Frau verliebt sind, dann spielen Sie Ihr das auch nicht vor! Täuschen Sie ihr das gemeinsame Luftschloss vor, dann müssen Sie dieses, wenn Sie Ihrem Trieb folgen und weiterziehen wollen, mit lautem Knall platzen lassen. Sie wird Ihnen dann (zu Recht!) die Vortäuschung falscher Tatsachen vorwerfen („Du A… – das war alles nur vorgespielt – du hast mich die ganze Zeit belogen…"). Und schon ist Ihr Tag mit einer guten Portion Gewissensbissen versaut, wenn Sie ein Mann sind, der zu seinem Wort steht. Und die Frau wird nicht unbedingt die beste Meinung von Ihnen haben, was einen entspannten zukünftigen Umgang unwahrscheinlich macht. Von den unschönen Folgen der eventuell auftretenden negativen Mundpropaganda bezüglich Ihrer zukünftigen Akquise will ich gar nicht erst sprechen.

Ich weiß, viele von uns sind besonders in schlechten Zeiten nur zu leicht versucht, tiefere Gefühle vorzutäuschen. Sätze wie „Ich fühle mich so wohl bei dir, wie schon lange nicht mehr bei einer Frau" sind gefährlich, wenn Sie es nicht wirklich ernst meinen. Das gilt auch für nonverbale Statements (schwere Geschütze wie Rosensträuße, herzzerreißende Liebesbriefe oder andere Dinge ähnlichen Kalibers).

Seien Sie sich bei derartigen Aktivitäten darüber im Klaren: Frauen nehmen so etwas absolut ernst! Sprich: Mit den Folgen dieser Liebesschwüre werden Sie zu kämpfen haben. Nach ein paar Treffen hat sich in der Regel die anfängliche Begeisterung gelegt, Ihr Jagdtrieb übernimmt wieder die Steuerung – und Sie werden gepiesackt von dem schlechten Gewissen, einer Frau einen Bären aufgebunden zu haben bzw. sich verpflichtet zu fühlen. Und zwar so lange, bis Sie in den sauren Apfel beißen und die Wahrheit ans Tageslicht holen. Und dabei entsteht eine Menge unnötiger Stress. Ich sag als Stichwort nur: „Letzte Woche hast du aber noch gesagt…" – den Rest kennen Sie.

Um es zusammenzufassen: Dinge, die eine Frau denken lassen könnten, Sie wären Hals über Kopf in sie verliebt, sollten Sie tunlichst unterlassen! Halten Sie den Ball flach. Ihre Affäre kann dann realistischer einschätzen, was womöglich noch kommen mag – und was nicht. Ein Ende der Romanze wird für die Dame weniger schmerzvoll sein – und das wird sie später, wenn sich die Wellen gelegt haben, einsehen und Ihnen zumindest Ihre Fairness zugute halten.

c) *Hoher Verwöhnfaktor:* Sorgen Sie dafür, dass sich Ihre Affäre umsorgt fühlt! Seien Sie einer Frau behilflich bei kleineren alltäglichen Problemen: Wechseln Sie ihr mal eine defekte Glühbirne aus, bringen Sie ihr ein Bild an, helfen Sie ihr bei einem Problem mit ihrem PC. Seien Sie ein Gentleman: Halten Sie einer Frau die Tür auf, helfen Sie ihr in den Mantel, geben Sie der Dame Ihre Jacke, wenn es regnet. Kochen Sie etwas Leckeres oder gehen Sie mal mit ihr aus. Wenn die Schöne Sie dankbar anlächelt, versüßt das auch Ihren Tag. Fühlt sich eine Frau bei Ihnen wohl, haben Sie beide mehr von der Sache. Außerdem zeigt ihr diese Sonderbehandlung, dass sie gegenüber Ihren passiven Affären einen besonderen Status innehat. Allerdings: Passen Sie jederzeit auf, dass Sie mit dem Verwöhnen nicht übers Ziel hinausschießen (siehe Kapitel falsche Erwartungen oben – Sie erinnern sich?).

B2. Die passiven Zähne

Wie bereits erwähnt, beinhaltet die Haifischzahnstrategie neben der aktiven Affäre noch eine zweite Säule: die passiven Affären. Schauen wir uns dazu noch einmal das Haifischgebiss an: Bei Verlust des vordersten (aktiven) Zahns ersetzt einer der passiven Reservezähne den verloren gegangenen und wird selbst zum aktiven Zahn.

Ihr Affärenmanagement funktioniert nach demselben Prinzip. Sollten Sie einmal ohne Begleitung dastehen, sind die passiven Affären Ihre Reserve, aus der Sie sich schnell wieder ein neues Projekt hervorangeln können. Dabei ist die Bezeichnung „passive Affäre" fast ein wenig irreführend, denn im Grunde handelt es sich bei passiven Zähnen nicht um Affären, sondern einfach um Frauen, die Sie attraktiv und sympathisch finden und mit denen Sie sich eine Affäre grundsätzlich vorstellen könnten. Bekanntschaften zu ihnen aufzubauen, ist ganz natürlich. Antizipieren Sie also den Fall des gewollten oder ungewollten Zahnverlusts und sorgen Sie für eine ausreichende Anzahl an Bekanntschaften – und genau dabei sollten Sie es erst mal auch belassen. Im Idealfall fangen Sie erst an, diese Bekanntschaftenen als potenzielle Affären zu sehen, wenn Sie Ihren aktiven Zahn nicht mehr so reizvoll finden oder dieser selbst die

Sache unerwartet beendet. Und wirklich erst dann! Vorher halten Sie in Gottes Namen zunächst einmal die Füße still. Kochen Sie die Sache auf GANZ kleiner Flamme. Und zwar so klein, dass die Sache knapp unterhalb des Beschwerdelevels liegt, sollte Ihre Affäre davon erfahren. Wie das funktionieren soll? Das ergibt sich fast von selbst aus der temporären Treue. Erinnern Sie sich? Temporäre Treue bedeutet, dass Sie während

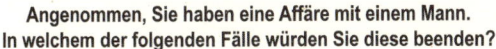

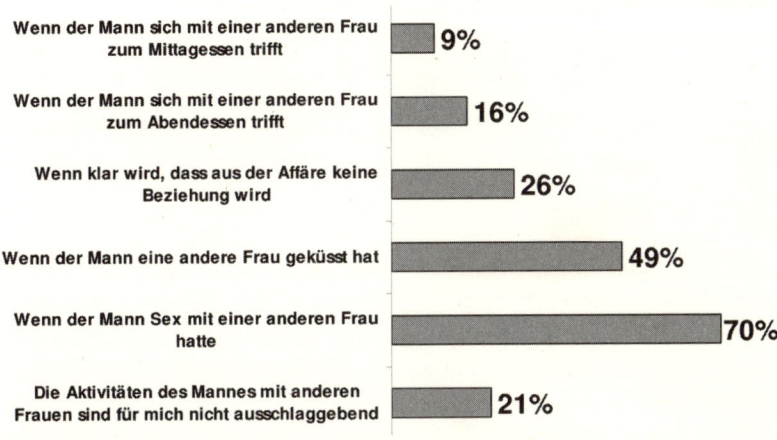

Abbildung 8 – Verteilung des Beschwerdelevels

der gemeinsamen Zeit mit keiner anderen eine Zweitaffäre haben. Dies bestimmt den Beschwerdelevel. Tun Sie im Zusammenhang mit Ihren passiven Zähnen nichts, was nicht mehr als zwangloses Treffen durchgehen kann. Also kurze Telefonate, in größeren Abständen mal ein Mittagessen oder ein Besuch der eigenen Clique in der Bar, in der sich die mögliche Anwärterin auch gerade aufhält. Darüber hinaus sollten Sie Ihre aktive Affäre nicht durch offenes Angraben anderer Frauen blamieren, wenn sie dabei ist.

Dennoch: Auch wenn man durch ein intelligentes Handling Konflikte erheblich reduzieren kann – Frauen sind sehr empfindsame Wesen. Dabei sind für Ihre aktive Affäre insbesondere solche passive Affären ein rotes Tuch, die Sie während Ihrer gemeinsamen Zeit kennen gelernt haben. Ältere Akquisen kann man immer mit „eine Freundin, die ich mal da und da kennen gelernt habe" abbügeln – mehr ist es ja bei Licht betrachtet auch

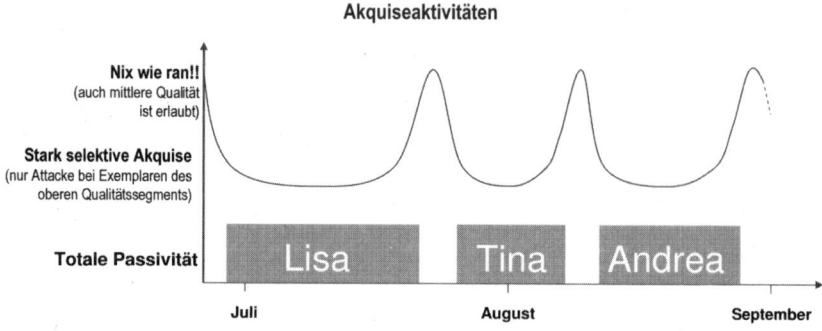

Abbildung 9 – Optimale Verteilung der Akquiseaktivitäten

nicht. Ihre Affäre wird diese Bekanntschaften relativ leicht akzeptieren können. Aktuell kennen gelernte passive Zähne wird sie jedoch als direkte Konkurrentinnen sehen, und dieser Stressfaktor kann bestehende Affären kompliziert machen. Zur Reduzierung des Konfliktpotenzials ist es insofern immer besser, Ihre maximale Akquisetätigkeit beim Affärenwechsel zu entwickeln und während der Affäre nur echte Prachtstücke neu in die Kartei aufzunehmen (siehe Abb. 9). Aber geben Sie die Anbahnung neuer Bekanntschaften niemals ganz auf! Selbst wenn Sie überlegen, mit Ihrer aktiven Affäre eine Beziehung einzugehen. Zum einen vermindern Sie damit das Risiko des „Blinder-Ritter"-Effekts, zum anderen sind Vergleiche mit anderen Frauen bei der Entscheidung pro oder kontra Beziehung immer hilfreich.

Bei all dem gilt: Gehen Sie mit Bedacht vor und bedenken Sie eventuelle Folgen, bevor Sie handeln. Die unbedachte Befriedigung kurzfristigen Verlangens verschlechtert unter Umständen die Chance auf Erfüllung Ihrer mittel- bis langfristigen Bedürfnisse.

Ich möchte an dieser Stelle die meiner Meinung nach sehr erleuchtende, passende und lehrreiche Anekdote von Vater Bulle und Sohn Bulle anbringen[33]. Sie war für mich einer der Ideengeber für die Haifischzahnstrategie. Also: Vater Bulle und Sohn Bulle stehen auf einem Hügel und blicken ins Tal auf eine Herde wohlgeformter Kühe. Sohn Bulle ist ganz aufgeregt, trappelt um den Vater herum und sagt: „Komm, Vater, schnell, wir laufen jetzt da runter und besteigen 'ne Kuh!" (Daher der Name Jungbullenstrategie). Woraufhin Vater Bulle antwortet: „Mein lieber Sohn! Was wir machen, ist Folgendes: Wir gehen da jetzt ganz langsam runter – und besteigen Sie alle!"

Diese Anekdote wirkt zunächst ziemlich flach, weil es eben ums Kühe-besteigen geht, so dass jeder denkt, es ginge hier darum, Frauen flachzu-legen. Die eigentliche Aussage ist aber viel globaler: Wenn Sie etwas tun, dann überlegen Sie zuerst. Und wenn sie anschließend handeln, dann mit ganzer Kraft. Handeln Sie dagegen wie Sohn Bulle unbedacht und impul-siv, mag das kurzfristig positiv sein. Am Ende werden Sie jedoch häufig schlechter dastehen.

Um diese Empfehlung nun auf Ihre Affären anzuwenden: Haben Sie sich besonnen verhalten und die Frauen, die Sie in guten Zeiten kennen gelernt haben, nicht verprellt, können Sie in Notlagen ganz entspannt bleiben und auf Ihre passiven Bekanntschaften zurückgreifen – anstatt sich durch Abfuhren noch mehr die Laune verderben zu lassen. Denn in harten Zeiten macht graue Laune die Akquise oft beschwerlich.

Beherzigen Sie also die alte Rinderweisheit von Vater und Sohn Bulle. Denken Sie langfristig (zumindest mittelfristig!!) und lassen Sie sich nicht ausschließlich von einem momentanen Verlangen steuern!

B3. Haare auf den Zähnen – die Kommunikation

Die Grundlagen des haifischzahnkonformen Verhaltens wären nun also geklärt. Den kompliziertesten Part haben wir bisher aber noch nicht angeschnitten: Die Kommunikation mit Ihren Affären. Frauen wollen immer und über alles reden. Und das kann bei bestimmten Themen durchaus heikel werden, so dass ein wenig Schützenhilfe nicht schaden kann. Lassen Sie uns die verschiedenen Konstellationen der Reihe nach

---

[33] Anekdote von Robert Duvall als Senior Cop in „Colors" (1988)

durchgehen und eruieren, wie man brenzlige Situationen meistern kann. Damit Sie nicht den Überblick verlieren, möchte ich in den folgenden Ausführungen Ihre passive Neueroberung Patrizia (mit „P" wir passiv) und Ihren aktiven Zahn Andrea (mit „A" wie aktiv) nennen. Lassen Sie uns also mit dem simpelsten Fall anfangen: der Kommunikation mit Ihren passiven Affären.

B.3.1. Die Kommunikation mit den passiven Affären

Die Kommunikation mit Ihren passiven Affären ist in der Regel unkritisch, da es sich um einfache, unverbindliche Bekanntschaften handelt. Sollte jedoch eine Ihrer passiven Affären aus eigener Initiative das Ganze etwas verbindlicher gestalten wollen, wird sie Sie zu Ihrem aktuellen amourösen Status befragen wollen. Und da gibt es natürlich einen kritischen Punkt: Ihre aktive Affäre. Im Fall der Fälle sollten Sie offen und ehrlich erzählen, dass Sie im Moment eine Affäre haben. Die meisten Frauen, die an Ihnen interessiert sind, werden nun probieren, Ihnen den Schwarzen Peter unterzujubeln und Ihnen unmoralisches Verhalten vorzuwerfen. Zum Beispiel durch die Frage: „Ach? Du hast eine andere und triffst dich mit mir?" Bleiben Sie ganz entspannt: Sie tun nichts Unmoralisches. Ja, Sie haben ein zwangloses Treffen mit einer Dame, die Sie sympathisch und (okay, zugegeben) attraktiv finden. Aber es geht hier nicht um ein Date. Lassen Sie sich also nicht provozieren und reagieren Sie z. B. in folgenden Schritten:

1) *Situation durch einen Scherz entspannen:* Werfen Sie eine schlitzohrige, maßlose Übertreibung ein wie: „Na klar, ich versuch einfach nur, die Größe meines Harems auf über 150 Frauen zu halten!"

2) *Unverfänglichkeit der Situation klarstellen:* „Nein, Spaß beiseite. Erstens sitzen wir hier am Tisch und nicht im Whirlpool. Und zweitens: Selbst wenn das hier ein Whirlpool wäre, ist eine Affäre keine Beziehung!" Hiermit haben Sie eigentlich schon ihren Vorwurf entkräftet – weil während einer Affäre selbst eine eindeutigere Situation als die momentane nicht moralisch verwerflich wäre.

3) *Eigene Intentionen klarstellen:* „Ich bin nicht der Typ, der mehrere Eisen gleichzeitig im Feuer hat. Das wäre ein Mangel an Respekt meiner Affäre gegenüber. Ich finde es besser, wenn man versucht, seine Geschichten klar voneinander zu trennen. Und im Moment habe ich eben eine Affäre." Ihr passiver Zahn weiß nun, woran er ist: Es wird zumindest nicht sofort zu einer amourösen Ausweitung Ihrer Treffen kommen. Ganz nebenher stellen Sie sich selbst noch einmal in gutem Licht dar – Sie sind ein ehrlicher und fairer Typ. Dennoch wird Patrizia nach dieser Aussage ein bisschen enttäuscht sein. Vergessen Sie daher auf keinen Fall im folgenden Schritt entsprechend überzeugend zu sein.

4) *Interesse an Ihrer passiven Affäre klarstellen:* „Ich finde einfach, du bist eine interessante Frau, ich habe Lust, mich mit dir zu treffen und dich besser kennen zu lernen – fertig!" Durch Ihre Aussagen im vorherigen Schritt 3 fühlt sich Ihr passiver Zahn verständlicherweise ein wenig zurückgesetzt. Mit diesem letzten Satz machen Sie ihr noch ein kleines Kompliment und vermitteln ihr so ein gutes Gefühl.

Diese Beispiele sollen lediglich dazu dienen, Ihnen ein Gerüst für etwaige Diskussionen zu geben. Wichtig ist dabei in erster Linie die Reihenfolge: Zuerst die Sachlage klären und im Anschluss die Geschichte mit einem guten Gefühl für die Passivaffäre ausklingen lassen. Generell sollten Sie versuchen, nur wenige Details preiszugeben. Wenn Sie erst mal bei solchen Fragen wie: „Wer ist deine momentane Affäre?" oder „Wie lange geht das denn schon mit euch beiden?" angelangt ist, kommen Sie ganz schnell in unsichere Gewässer. Versuchen Sie also, das Ganze kurzzuhalten, bleiben Sie allgemein und leiten Sie nach Klarstellung der grundsätzlichen Dinge zügig zu etwas anderem über.

Ihre Passivaffäre wird dann zwar enttäuscht sein, aber das lässt sich ausbügeln. Sie müssen nun, um die Sache nicht in den Sand zu setzen, Patrizia zeigen, dass Sie weiterhin Interesse an ihr haben, indem Sie sich ihr in größeren Abständen ins Gedächtnis rufen – durch besagte Einladungen zum Lunch oder indem Sie einfach mal anfragen, wohin sie am Samstag ausgeht, um dort mit den Jungs spontan auf einen Drink vorbeizuschauen. Wenn Patrizia merkt, dass Sie das, was Sie gesagt haben, ernst meinen, wird die Situation, so wie sie ist, für sie erst einmal in Ordnung sein. Außerdem wird sie Ihre Ehrlichkeit zu schätzen wissen, weil sie weiß, dass sie bei einer potenziellen Affäre mit Ihnen wenig Gefahr läuft, verleugnet oder hintergangen zu werden. Denn wenn Sie Ihre jetzige Affäre fair behandeln und nicht mehrgleisig fahren, besteht eine hohe Wahrscheinlichkeit, dass Sie mit Ihren zukünftigen Affären auch respektvoll umgehen.

B.3.2. Die Kommunikation mit der aktiven Affäre

Etwas kniffliger ist die Kommunikation mit Ihrer aktiven Affäre Andrea. Neben der schwierigeren Sachlage ist auch der Einsatz ein höherer, weil zumindest Ihre sexuelle Grundversorgung auf dem Spiel steht. Haben Sie die Frage, ob das Ganze eventuell doch in eine Beziehung münden könnte, für sich noch nicht abschließend geklärt, riskieren Sie sogar noch weit mehr.

Wenn Andrea anfängt, sich für Ihr Engagement auf der passiven Seite zu interessieren, tauchen mit ziemlicher Sicherheit dunkle Wolken am Horizont auf. Aber machen Sie sich zwei Dinge klar: Erstens haben Sie beide eine Affäre und (noch) keine Beziehung. Sie haben mit keiner anderen Frau etwas angefangen und haben sich somit auch nichts vorzuwerfen. Zweitens sind Sie nicht verpflichtet, ihr alles zu erzählen.

Um Befindlichkeiten möglichst zu vermeiden, tragen Sie also Ihre passiven Akquisetätigkeiten nicht auf dem Präsentierteller vor sich her! Denn was sie nicht weiß, macht sie nicht heiß. Trotzdem wird sich nicht verhindern lassen, dass die eine oder andere Aktivität ans Tageslicht kommt. Besonders, wenn Sie Ihren aktiven Zahn nicht belügen wollen. Wie soll man nun mit Fällen umgehen, in denen man das Gespräch nicht mehr in eine andere Richtung lenken kann? Erstens und ganz wichtig: Wenn sie Sie auf Ihre Aktivitäten anspricht, reden Sie nicht lange um den heißen Brei herum. Das kann man als schuldbewusstes Verhalten auslegen – und Andrea wird denken, Sie haben etwas zu verstecken. Erzählen Sie ihr also, wo und mit wem Sie unterwegs waren. Das Ganze bitte möglichst feinfühlig. Details, die vielleicht für Ihre Kumpels interessant sind, lassen Sie also besser weg. Lassen Sie auf keinen Fall das Gefühl aufkommen, Sie wären ernsthaft an dem passiven Zahn interessiert. Da Sie (hoffentlich) nicht zum romantischen Mondscheinspaziergang unterwegs waren und (sehr hoffentlich) nicht die rote Linie überschritten haben, wird sie Ihnen im Prinzip keinen Vorwurf machen können. Dennoch: Andreas nächste Frage ist mit 150-prozentiger Wahrscheinlichkeit „Wenn ich das richtig verstehe – das mit uns läuft also so lange, bis du was Besseres findest?". Und in diesen paar Worten verbergen sich Tonnen von Konfliktpotenzial! In diesem Moment laufen Sie Gefahr, Ihre aktive Affäre gegen die Wand zu fahren. Nun müssen Sie einen kühlen Kopf bewahren. Auch mit einem Scherz muss man jetzt vorsichtig sein – das kann schnell nach hinten losgehen. Wenn Sie ganz kaltschnäuzig sind, können Sie noch eine scherzhafte Übertreibung wie: „Na klar! Was dachtest du denn?!" bringen. Aber spätestens danach müssen Sie eine Antwort parat haben, die diesen Vorwurf entkräftet. Und die sieht folgendermaßen aus:

1) *Klarstellung des Status' zwischen Ihnen beiden:* Bezüglich des Status' müssen Sie sich zunächst selber über die Frage klarwerden, ob für Sie noch eine Beziehung in Frage kommt oder dieses Szenario völlig ausgeschlossen ist. Sollte für Sie der Ausgang der Affäre noch offen sein, können Sie das auch kommunizieren: „Ich genieße die Zeit mit dir sehr, und wer weiß, was noch daraus wird. Wir sind ja gerade dabei, das herauszufinden. Aber zurzeit haben wir eine Affäre und noch keine Beziehung."

Ist für Sie bereits klar, dass die Affäre nicht in einer Beziehung enden wird, sollten Sie ihr das auch nicht vorgaukeln, selbst wenn dieses Gespräch dann häufig der Anfang vom Ende Ihrer Affäre ist (mehr dazu im Kapitel „Zahn ziehen – wie Sie Ihre Affäre richtig beenden"). Wenn es irgendwie geht, versuchen Sie zu vermeiden, Ihr direkt zu sagen, dass sie es eben nicht ist. Denn so eine direkte persönliche Absage ist immer hart. Sie können es z. B. so sagen: „Wir haben nun einmal eine Affäre und keine Beziehung. Und ich kann mir zurzeit keine Beziehung vorstellen. Aber ich finde du bist eine tolle Frau und ich genieße es sehr, meine Zeit mit dir zu verbringen." Eventuell wird Sie nicht weiter nachfragen, und Sie können so eine ganz harte, direkte Absage wie „Ich bin nicht verliebt in dich" vermeiden, der Status zwischen Ihnen ist aber dennoch geklärt.

Egal, welchen der beiden oben genannten Szenarien man betrachtet, der aktuelle emotionale Status Ihrer Affäre ist in jedem Fall „not amused". Dennoch müssen Sie zumindest kurz auf den Ausgangspunkt „andere Bekanntschaften" zurückkommen, sonst haben Sie das Thema immer wieder auf dem Tisch.

2) *Klarstellung Ihrer Intentionen bezüglich der passiven Affären:* „Ich versuche hier nicht von mehreren Tellern gleichzeitig zu essen. Wenn ich einen Menschen treffe, den ich interessant finde, pflege ich eben Kontakt mit ihm oder ihr. Ich lerne einfach gerne neue Menschen kennen – auch Frauen. Das heißt aber nicht, dass ich auch was mit denen anfange. Wir reden hier nicht von einem Candlelight-Dinner oder einem Mondscheinspaziergang. Ich verabrede mich vielleicht mal auf einen Kaffee oder ein Mittagessen und mehr ist es nicht. Und ich denke, unter dieser Voraussetzung sollte man es sich auch gegenseitig nicht verbieten, andere Menschen kennen zu lernen." Das ist eine klare Ansage, die absolut notwendig ist, wenn Sie nicht bei jedem kleinen Treffen oder Kontakt mit einem passiven Zahn durch dieselbe Diskussion gehen wollen.

Der ohnehin kritische emotionale Status Ihrer Affäre hat sich nach dieser Aussage nicht eben zum Positiven verändert. Sie wird in dem Moment sehr wahrscheinlich darüber nachdenken, die Sache hinzuschmeißen. Aus Erfahrung muss ich Ihnen leider sagen, dass einige Damen diese Treffen mit der Konkurrenz niemals akzeptieren werden. In einem solchen Fall müssen Sie sich dann wohl oder übel entscheiden – entweder vorübergehender Verzicht auf die Akquise neuer passiver Affären oder Abbruch der aktiven Affäre. Aber Vorsicht: Lassen Sie sich nicht von der ersten Reaktion der Herzensdame ins Bockshorn jagen. Knicken Sie nicht sofort ein. Denn im Grunde tun Sie ja tatsächlich nichts Verwerfliches. Und in der Mehrzahl der Fälle werden Sie es schaffen, die Dame zu besänftigen, indem Sie ganz schnell zum Zugeständnis an sie kommen: Dem Versprechen der temporären Treue!

3) *Versprechen der temporären Treue:* Je nachdem, ob für Sie noch eine Beziehung in Betracht kommt oder nicht, können Sie das folgendermaßen formulieren:

- „Ich weiß auch noch nicht, ob es mit uns beiden in einer Beziehung endet. Aber ich verspreche dir, dass mit keiner anderen etwas läuft, solange wir was miteinander haben." Oder
- „Ich möchte zurzeit keine Beziehung. Aber ich verspreche dir, dass mit keiner anderen etwas läuft, solange wir was miteinander haben."

Für Frauen ist eine Verletzung des Vertrauens und der emotionalen Bindung viel schwerwiegender als für einen Mann. Hat Ihre aktive Affäre den Eindruck, dass Sie mit ihr ein falsches Spiel treiben, wird sie darüber nachdenken, die Sache zu beenden. Und wenn nicht das, so wird sie Ihnen zumindest den Tag mit einer Menge Vorwürfe gehörig schwer machen! Das Element der temporären Treue ist also doppelt wichtig. Einerseits, um Andreas Vertrauen zu Ihnen zu erhalten, andererseits, um Ihr eigenes Wohlbefinden zu sichern.

4) *Klarstellung der Prioritäten:* Haben Sie beispielsweise einem Ihrer passiven Zähne, z. B. Patrizia, schon erzählt, dass Sie momentan bereits in einer Affäre stecken, dann sollten Sie diesen Fakt auch Ihrer aktiven Affäre mitteilen, um ihr zu beweisen, dass Sie Respekt vor ihr haben und Sie sie nicht hintergehen. Das kann beispielsweise so klingen: „Ich verstecke unsere Sache vor niemandem, Patrizia weiß von der Sache mit dir. Ich habe was mit dir und keiner anderen – und fertig! Sonst würde ich es ihr wohl nicht erzählen, oder?"

Wie auch schon bei Ihrem Gespräch mit Patrizia, ist auch hier die Reihenfolge absolut entscheidend. Bringen Sie den Hammer am Anfang. Muss Andrea Ihnen den Sachverhalt nach und nach aus der Nase ziehen, steigert sie sich in die Sache rein, fängt an, sich aufzuregen und die Sache läuft aus dem Ruder. Wenn es sie dagegen unvorbereitet trifft, hat sie gar keine Zeit, wirklich Wut aufzubauen – und außerdem können Sie sich ab dann ausschließlich aufs Wogenglätten konzentrieren.

Wie auch immer Sie es drehen – nach diesem Gespräch wird Andrea sicherlich etwas verstimmt sein. Wichtig ist nun, dass Sie sich auch so verhalten, wie Sie es gesagt haben. Stellen Sie jederzeit und vor allen Dingen gegenüber Ihren passiven Affären klar, wer Ihre aktive Affäre ist, und geben Sie Andrea jederzeit den Vortritt. Fragt Andrea weiterhin nach, antworten Sie ihr wie gehabt offen und ehrlich!

B.3.3. Begegnungen zwischen aktiver und passiver Affäre

Und nun wird es richtig haarig: Ihre aktive und Ihre passive Affäre begegnen sich. Was nun folgen kann, ist jedem klar: Grundsatzdiskussionen, und zwar der Extraklasse.

Erste Regel hierbei: Lassen Sie in solchen Situationen niemals Zweifel aufkommen, wer Ihre aktive Affäre ist und damit Priorität genießt. Tun Sie es dennoch, ruinieren Sie es sich an allen Fronten: Ihre aktive Affäre wird Ihnen den Marsch blasen und Ihre passive Affäre wird Sie für einen unzuverlässigen Typen halten.

Wenn es tatsächlich zu einer derartigen Begegnung kommen sollte, dann vergessen Sie niemals, dass Sie sich nichts vorzuwerfen haben und bleiben Sie locker! Jegliche Anspannung wird Ihnen als Schuldbekenntnis ausgelegt. Stellen Sie die beiden einander vor und machen Sie dabei ganz klar, wer von den beiden die Nummer eins ist – nämlich Ihre aktive Affäre. Bleiben Sie entspannt und freundlich, treiben Sie ein wenig Smalltalk und halten Sie die Begegnung kurz. Falls Stutenbeißerei auftreten sollte, gerne auch noch ein bisschen kürzer. Und auf einmal werden Sie erstaunt feststellen: Die Situation ist ausgestanden und Sie sind mit heilem Fell davongekommen!

Einen Schwierigkeitsgrad darüber liegen Telefongespräche mit der einen Partei, wenn die andere anwesend ist. Während Sie bei direkten Begegnungen durch das gegenseitige Vorstellen schon stark zur Klärung der Situation beitragen können, ist Ihnen diese Möglichkeit während eines mitgehörten Telefongesprächs verwehrt.

Deswegen gilt: Wenn Sie mit einer Ihrer Affären unterwegs sind, stellen Sie Ihr Handy wenn irgend möglich auf lautlos, um eben diese Situation zu vermeiden. Leider muss man manchmal einfach erreichbar sein, Lassen Sie uns deswegen noch einmal ein Beispiel betrachten, um zu sehen, wie man mit einer derart prekären Situation am besten fertig wird:

Sie sind gerade mit Ihrer aktiven Affäre Andrea beim Shoppen, und plötzlich ruft Patrizia an. Merken Sie, wie Ihre Betriebstemperatur schlagartig um ein Grad steigt? Sie können nun entweder nicht ans Telefon gehen – was aber verdächtig wirkt, wenn man vorher schon auf das Display geschaut hat. Oder Sie nehmen ab. Dann sollten Sie versuchen, das Gespräch kurz und unverbindlich zu halten. Ich drücke Ihnen die Daumen, dass Sie es schaffen. Denn wenn z. B. Patrizia die zum aktuellen Zeitpunkt absolut unwillkommene Frage „Was machst du gerade?" in den Hörer säuselt, kann es brenzlig werden. Es gibt nun zwei mögliche Konstellationen, die sich hinsichtlich ihrer Schwierigkeitsgrade stark unterscheiden.

a) *Sie haben Patrizia bereits erzählt, dass Sie im Moment was mit Andrea haben:* Ein unkomplizierter Fall. Antworten Sie einfach mit der Wahrheit: „Ich bin mit Andrea shoppen." Patrizia wird nicht beleidigt sein, weil sie die Sachlage kennt. Nach ein bisschen Smalltalk können Sie also das Gespräch entspannt beenden. Wenn Andrea ebenfalls schon von Patrizia weiß, ist diese Begegnung ein Morgenspaziergang. Sie müssen niemandem etwas erklären, im schlimmsten Fall müssen Sie Andrea ein wenig aufheitern.

Sollte Andrea allerdings noch nichts von Patrizia wissen, kann es noch mal spannend werden. Andrea wird Sie eventuell nach Ende des Gesprächs fragen, wer denn dran war (so wie das eben die Art von jungen Damen ist). Sagen Sie einfach „eine Freundin" oder etwas Ähnliches, das sollte in der Regel ausreichen. Im Extremfall, dass Andrea Sie mit neugierigen Fragen so lange belagert, bis die Situation in eine Grundsatzdiskussion ausufert, müssen Sie eventuell ein klärendes Gespräch bezüglich möglicher anderer Bekanntschaften führen (siehe oben „Kommunikation mit der aktiven Affäre"). Aber das hätten Sie ohnehin früher oder später tun müssen, also nicht verzagen. Falls Sie diesbezüglich schon Klarheit geschaffen haben, dann sagen Sie ihr einfach mit einem Lächeln: „Na, wittern wir schon wieder eine Verschwörung, Prinzessin?" oder etwas Ähnliches. Sie haben im Gespräch Andreas Namen genannt – sie also nicht vor Patrizia versteckt. Andrea wird deswegen nicht sonderlich schlecht gelaunt sein. Eventuell hat die Situation für Sie sogar etwas Positives, weil Sie Ihren Marktwert noch einmal demonstrieren konnten.

b) *Patrizia hat von Ihrer Affäre mit Andrea keinen blassen Schimmer*: Diese Situation kann heikel werden. Sie haben nun mehrere Möglichkeiten, auf Patrizias Frage „Was machst du grade?" zu antworten.

Antwort A „Ich bin mit einer Freundin shoppen": Bei dieser Antwort werden Sie Patrizia zwar keine Details am Telefon erklären müssen … Aber in elf von zehn Fällen hören Sie zwei Millisekunden nach dem Auflegen aus Andreas Richtung: „Aha! Ich bin also nur irgendeine Freundin für dich!" Und bei der nachfolgenden Diskussion möchte ich nicht mit Ihnen tauschen. Diese Antwort lassen Sie also lieber.

Antwort B „Ich bin mit Andrea shoppen": Patrizias nächste Frage ist dann mit ziemlicher Sicherheit: „Wer ist denn Andrea?" Und ihr das am Telefon unter dem kritischen Blick von Andrea erklären zu müssen – das erfordert Geschick und Nerven. Auf keinen Fall sollten Sie Patrizia eine ernste Antwort geben. Lassen Sie sich etwas Unverfängliches wie „Das ist meine persönliche Shoppingberaterin" einfallen. Wirken Sie so entspannt wie möglich, halten Sie das Gespräch kurz, um sich nicht zu kompromittieren – und falls hinterher bei einer der beiden weiblichen Parteien noch Fragen bestehen sollten, kann man diese unter vier Augen klären.

Antwort C „Ich bin in der City unterwegs": Wenn Sie Glück haben, können Sie sich durchschummeln, ohne dass Patrizia nachfragt „Mit wem denn?". Wenn nicht – nun, dann sind wir in derselben Lage wie bei Antwort B. Darüber hinaus kann es sein, dass Andrea Ihnen ebenso wie bei Antwort A vorwirft, sie vor der anderen versteckt zu haben.

Sie sehen also: Wie Sie es auch drehen und wenden, dieser Fall hat wesentlich mehr Konfliktpotenzial als der erstgenannte, in dem der anrufende passive Zahn Patrizia bereits von Ihrer aktiven Affäre Andrea weiß.

Ergo: Auch wenn es keine gute Idee ist, bei Ihrem passiven Zahn nach den ersten fünf Minuten damit ins Haus zu fallen, dass Sie im Moment eine Affäre haben, so kann die feinfühlige Übermittlung dieser Tatsache Ihnen dennoch bei vielen Gelegenheiten den Tag retten!

B4. Zahn ziehen – wie Sie Ihre Affäre beenden

„Die Affäre beenden" klingt ungefähr so einfach, wie im Supermarkt 300 Gramm Serrano-Schinken zu kaufen. Mit dem Unterschied, dass es beim Schinken keine feuchten Augen und versteinerte Blicke gibt. Beim Beenden von Affären sind immer verletzte Gefühle im Spiel. Und deswegen ist es für mich persönlich das Belastendste am Single-Leben. Wenn Sie eine Affäre beenden, folgen meist Tränen, der Instinkt des Mannes, trösten zu wollen, seine Erkenntnis, nicht trösten zu können, weil er Auslöser der Tränen ist und so weiter. Ich denke, das fällt niemandem leicht.

Die Haifischzahnstrategie macht diese Geschichte auch nicht leichter, weil in einer Affäre eine größere Nähe herrscht als in einer Jungbullenaffäre. Je größer die emotionale Nähe zueinander, desto härter wird eine Trennung – für Sie wie auch für Ihre künftige Verflossene. Die Affäre nahm möglicherweise schon einen gewissen Platz in Ihrem Leben ein[34]. Neben der Leere, die ein Verlust dieser Bezugsperson hinterlässt, ist es in erster Linie das schlechte Gewissen, welches einen quält: Man hat einer Person, die man sehr gern hat, wehgetan[35].

Führen Sie sich wegen dieses schlechten Gewissens eine Tatsache immer wieder vor Augen: In der emotionalen Interaktion zwischen Mann und Frau entstehen Gefühle füreinander und kühlen sich gegebenenfalls einseitig auch wieder ab. Zurückweisungen sind dabei unvermeidbar – wo gehobelt wird, fallen Späne. Das ist das Risiko, welches jeder von uns in dem Moment eingeht, wenn er sich näher auf jemanden einlässt. Und wer von beiden derjenige sein wird, der mit hängenden Ohren aus der Sache herausgeht, weiß man vorher nicht. Das können genauso gut Sie selbst sein. Es ist einfach der Lauf der Dinge, dass man von Zeit zu Zeit jemanden zurückweisen muss oder selbst zurückgewiesen wird[36].

Tritt der Fall ein, dass Sie die Affäre beenden möchten, ist es natürlich schwer, die Traurigkeit der Frau mit anzusehen und sich bewusst zu sein, dass Sie selbst die Ursache dafür sind. Aber machen Sie sich klar, dass es für Sie keinen Grund für ein schlechtes Gewissen gibt: Ihre Gefühle sind so, wie sie sind – man kann sie nicht erzwingen, und so gesehen trifft Sie auch keine Schuld!

111

Wer Affären hat, wird auch in die Verlegenheit kommen, diese wieder beenden zu müssen. Am härtesten und schwierigsten wird es immer dann, wenn Sie sich nicht einmal selbst sicher sind, ob ein Ende der Affäre die richtige Entscheidung ist. Natürlich wissen Sie ganz genau, was Ihnen an Ihrer Affäre gefällt und was nicht. Aber Sie wissen auch, dass es die perfekte Frau nicht gibt. Und Sie stellen sich vor Trennungen von langen und innigen Affären vielleicht die Frage: Sind die Seiten, die Ihnen an ihr nicht gefallen, wirklich so schlimm? Überwiegen nicht vielleicht die schönen Dinge? Beschleicht Sie nicht immer mal wieder das Gefühl, Sie könnten mit der Dame sehr glücklich werden? Oder überwiegen die Momente, in denen Sie merken, dass Sie nicht mehr wollen?

Wie auch immer Sie sich entscheiden, bleiben Sie in jedem Fall fair. Dann stehen auch nach einem etwaigen Affärenende die Vorzeichen günstig, dass sie Ihnen irgendwann verzeiht und Sie wieder einen normalen Umgang miteinander pflegen. Haben Sie Ihre Affäre dagegen vor ihren Freunden bloßgestellt oder prahlen hinterher vor der halben Welt, dass Sie sie rumgekriegt haben und was sie für eine Granate im Bett war (oder noch schlimmer: dass es Ihnen nicht gefallen hat) – nun, dann wundern Sie sich nicht, wenn Sie von ihr auch nach Monaten nichts weiter als Missachtung ernten.

Wie also bekommt man die Trennung am besten über die Bühne? Zunächst ein paar grundsätzliche Dinge:

---

[34] Die Tatsache, dass in einer längeren Affäre die Trennung schwerer fällt, wird auch dadurch untermauert, dass bei Männern, bei denen die durchschnittliche Affärenlänge über 4 Wochen liegt, die Affären um ca. 41 % häufiger in einer Beziehung enden, als bei denen mit einer durchschnittlichen Affärenlänge von unter 4 Wochen. [Quelle: Umfrage Trend Research]

[35] Auch hier lässt sich der Fakt, dass ein schlechtes Gewissen die Trennung erschwert, statistisch nachweisen: Bei Männern, die bei mehreren gleichzeitigen Affären ein schlechtes Gewissen haben, enden Affären ca. 37 % häufiger in einer Beziehung als bei denen ohne ein schlechtes Gewissen. [Quelle: Umfrage Trend Research]

[36] Nach Aussagen der Single-Männer werden im Durchschnitt ca. 46 % der Affären durch den Mann beendet, nach Aussagen der Frauen sind es 48 %. [Quelle: Umfrage Trend Research]

Die Trennung sollte so fair und ehrlich wie irgend möglich ablaufen: Abgesehen davon, dass es eine Sache des Respekts ist, zahlen sich Fairness und Ehrlichkeit durch mehr emotionalen Halt in schlechten Zeiten aus. Zudem werden zukünftige Akquisen nicht unnötig durch negative Mundpropaganda erschwert.

Wenn Sie sich also dafür entscheiden, Ihre aktive Affäre zu beenden, dann tun Sie das – aber bitte auf ehrliche Art und mit so wenig dreckiger Wäsche wie möglich! Das heißt: keine Überschneidungen! Beenden Sie in jedem Fall Ihre aktive Affäre, bevor Sie eine neue passive aktivieren. Das ist keine Garantie für ein gutes zukünftiges Verhältnis mit der Ex-Affäre, erhöht aber die Chance darauf beträchtlich. Darüber hinaus sollten Sie sich auch nach Affärenende ein wenig um die Erhaltung des guten Kontakts kümmern – melden Sie sich alle paar Monate mal bei ihr, fragen Sie, wie es ihr geht, vielleicht können Sie Ihr bei etwas behilflich sein.

Machen Sie es kurz und schmerzlos: Reden Sie nicht lange um den heißen Brei herum, sondern sagen Sie frei raus, wie es ist. Jegliches Rumdrucksen macht die Sache nur komplizierter und lässt die Diskussion eventuell in eine Richtung gleiten, die Sie nicht wollen. Sagen Sie Ihrer Affäre klar und deutlich, dass es vorbei ist. Wenn Sie können, sagen Sie ihr außerdem, woran es gelegen hat (vorausgesetzt es ist nicht zu verletzend). Wenn Sie die Gründe für eine Trennung kennt, ist es für Sie leichter, damit abzuschließen. Ein offenes Feedback ist in der Regel zunächst einmal härter als Schönfärberei – macht es aber auf lange Sicht allen Beteiligten leichter und gibt vielleicht sogar Denkanstöße. Seien Sie jedoch dabei sehr umsichtig: Direkte Kritik am Verhalten Ihrer Affäre ist absolut unangebracht, wenn Sie sich von ihr trennen. Es geht lediglich darum, Ihre Gefühle klar darzustellen und über diesen Weg die Situation für Ihre Affäre erklärbar zu machen. Alles was Sie tun können, ist, einer Frau zu sagen, dass es Ihnen leidtut, ihr wehzutun. Und Sie können ihr sagen, was Sie an ihr schätzen. Ziehen Sie die Sache jedoch nicht in die Länge – das macht es nur noch schlimmer und kann zu Situationen führen, denen Sie besser aus dem Weg gehen sollten (Ihre Affäre tut Ihnen leid, Sie nehmen sie doch wieder in den Arm, sie fangen an, sich zu küssen …). Deshalb ist es immer wichtig, dass Sie die Option haben, das Gespräch zu beenden.

Führen Sie es deshalb, wenn irgend möglich, nie in Ihrer eigenen Wohnung. Wenn Sie das Gespräch bei Ihnen zu Hause beenden wollen, müssen Sie die Dame, wenn sie nicht von alleine geht, zur Tür bitten – und das ist unhöflich und stillos. Insofern ersparen Sie sich derartige Szenarien und treffen Sie sie entweder bei ihr zu Hause oder an einem neutralen Ort.

Zuletzt noch eine an sich selbstverständliche Sache – aber zur Sicherheit möchte ich es doch erwähnt wissen: Seien Sie ein Mann, tragen Sie die Konsequenzen Ihres Handelns und klären Sie, wenn irgend möglich, die Situation von Angesicht zu Angesicht. Diesen Respekt sind Sie Ihrer Affäre schuldig!

So viel zu den allgemeinen Grundsätzen. Die verschiedenen Konstellationen eines Affärenendes können jedoch im Detail sehr unterschiedliches Verhalten erfordern. Lassen Sie uns also einmal in Ruhe überlegen, welche Szenarien es gibt und uns langsam, aber sicher von den einfachen Sachverhalten zur höllisch komplizierten Geschichte vorarbeiten.

Ihre Affäre verliert das Interesse an Ihnen: Dies ist der für Sie unkomplizierteste Fall, weil Sie keine Schuld am Ende der Affäre trifft und Sie sich keinem traurigen Gesicht gegenübersehen. Sie können aufgrund dessen auch kaum etwas falsch machen.

In dem seltenen Fall jedoch, dass die Romanze für Sie keine wirkliche Affäre war, sondern Sie in der Dame Ihre Traumfrau gesehen haben, kann so ein Ende äußerst schmerzhaft sein. In dem Fall mein ehrliches Beileid, ich kann verstehen, dass es hart für Sie ist. Vor allem, weil einem die Traumfrau an sich statistisch nur alle zwei Jahre über den Weg läuft[37]. Haben Sie die verloren, ist es wirklich hart – aber nicht hoffnungslos! Versuchen Sie die Sache möglichst schnell beiseitezulegen und schauen Sie noch einmal ins Kapitel „Der scharfe Zahn – die Traumfrau". Damit Ihnen so etwas möglichst nicht wieder passiert.

In dem weit wahrscheinlicheren Fall jedoch, dass die Affäre ohnehin nicht Ihre Traumfrau war, ist es lediglich Ihr verletzter Stolz, der Sie noch piesacken könnte. Jammern Sie also nicht rum, sondern seien Sie froh, dass die Frau Ihnen die unschöne Arbeit abgenommen hat. Sie hätten das sonst früher oder später selbst machen müssen. Die Affäre ist ein bisschen früher vorbei, o.k. – aber dafür stehen Sie mit weißer Weste da! Was bleibt, ist natürlich der kleine Zacken, der aus Ihrer Krone gebrochen wurde, aber das werden Sie im Trubel der Aktivierung Ihrer passiven Affären ganz schnell vergessen. Nehmen Sie es sportlich. Sie haben dasselbe mit genügend anderen Damen selbst getan. Also fangen Sie nicht an, üble Gerüchte zu streuen oder ähnliche Wadenbeißereien zu veranstalten. Zücken Sie lieber Ihr Mobiltelefon – für exakt diesen Fall sind die passiven Zähne da!

Sie wollen keine Beziehung – Ihre Affäre aber schon: Man hat zwar auch schon von Frauen gehört, für die eine unverbindliche Affäre auf unbestimmte Zeit in Ordnung ist. Haben Sie eines dieser seltenen Exemplare erwischt – herzlichen Glückwunsch! Aber da die Häufigkeit dieses Frauentyps ungefähr der vierblättriger Kleeblätter entspricht[38], laufen Affären in der Regel nicht komplikationslos bis ans Ende aller Tage.

Wir haben bereits festgehalten, dass der Haifischmann keine überhöhten Erwartungen bei seiner Affäre wecken sollte, um Enttäuschungen zu vermeiden. Wir wissen aber alle, dass Frauenfantasien quasi aus dem Nichts entstehen können. Mit zunehmender Dauer Ihrer Affäre wird sie allein aufgrund Ihrer gemeinsamen Zeit mehr und mehr annehmen, dass Sie tiefere Gefühle für sie haben. Dieser Mechanismus sorgt dafür, dass die Länge einer jeglichen unverbindlichen Affäre begrenzt ist (siehe Abb. 10, nächste Seite). Denn die Erwartungen der Frau an die Sache werden mit der Zeit von ganz allein steigen, egal, was Sie auch dagegen tun. Mit wachsender Lücke zwischen Erwartung und Realität wird sie immer unzufriedener und unzufriedener werden. Sie wird anfangen, diese Verbindlichkeit

---

[37] Durchschnittliche Zeitangabe der befragten Single-Männer auf die Frage: „Wie häufig lernen Sie eine Frau kennen, die Sie nach den ersten Eindrücken als Ihre Traumfrau bezeichnen würden und die auch ein Interesse an Ihnen hat?" [Quelle: Umfrage Trend Research]

[38] Zum Glück sind sie etwas häufiger: 21 % der befragten Single-Frauen antworteten auf die Frage „Angenommen Sie haben eine Affäre. In welchem der folgenden Fälle würden Sie diese beenden?" mit „Die Aktivitäten des Mannes mit anderen Frauen sind für mich nicht ausschlaggebend". [Quelle: Umfrage Trend Research]

von Ihnen einzufordern. Und irgendwann, wenn ihre maximale Toleranz-schwelle überschritten ist, wird sie die Sache beenden. Und zwar umso früher, je unverbindlicher Sie sich verhalten (d. h. je mehr passive Affären Sie akquirieren oder treffen). In genau dieser Entwicklung liegt die Ursache für das Ende der meisten Affären.

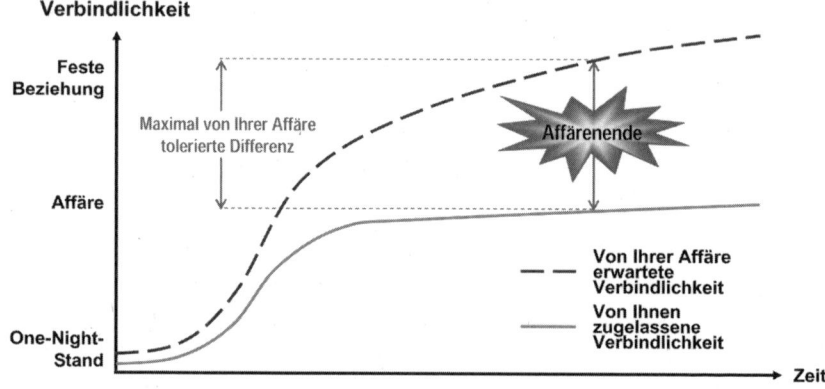

Abbildung 10 – Affärenende durch Beziehungswunsch

Wenn es so weit ist, können Sie sich sicher eine Weile um das Thema herumdrücken, aber irgendwann wird die Frau Ihnen die Pistole auf die Brust setzen und Sie fragen, ob Sie nun eine Beziehung mit ihr wollen oder nicht.

Werden Sie von einer Frau auf die Problematik angesprochen, müssen Sie sich zunächst einmal selbst die Frage beantworten, was Sie eigentlich wollen. Spricht Ihr Bauch keine klare Sprache, dann haben Sie den kompliziertesten Fall überhaupt auf dem Tisch – aber den wollen wir später noch klären. Lassen Sie uns zunächst einmal den einfacheren Fall betrachten: Ihr Interesse für diese Affäre neigt sich ohnehin dem Ende entgegen und Ihre Gefühle sprechen eine klare Sprache: Sie ist es nicht! In diesem Fall sagen Sie ihr einfach, wie es ist. In der Regel wird die Frau die Sache dann relativ zeitnah beenden, weil Sie ihr nicht das geben können, was sie gerne hätte. Dieser Automatismus ist durchaus begrüßenswert, denn er enthebt Sie der unschönen Aufgabe, die Affäre selbst beenden zu müssen.

Nun kann es jedoch passieren, dass Sie sich zwar keine Beziehung mit Ihrer aktiven Affäre vorstellen können, sie Sie jedoch zu einem Zeitpunkt verlässt, zu dem es Ihnen ohnehin nicht gerade rosig geht und sich auch die passiven Affären nicht gerade vor Ihrer Tür drängeln. Nun können Sie sehr leicht in Versuchung geraten, die Karten nicht gleich beim ersten Drängen Ihrer Affäre in Richtung Beziehung auf den Tisch zu legen, um die Affäre ein wenig länger aufrecht erhalten zu können. Auf der einen Seite wird dieses Herauszögern die Gefühle der Frau noch ein wenig wachsen und damit die letztlich unvermeidliche Trennung noch härter werden lassen. Auf der anderen Seite bereitet die „Verlängerungszeit" beiden Beteiligten ja auch schöne Momente, die man nicht vergessen darf. Nun, hier muss jeder für sich selbst entscheiden, was er noch mit seinem Gewissen vereinbaren kann[39]. Ich persönlich bevorzuge die temporäre Einsamkeit.

Wie Sie sich auch entscheiden, eines ist klar: Nachdem die Frage aller Fragen einmal im Raum gestanden hat, wird es nie wieder so entspannt sein wie vorher. Sie wird ständig präsent sein und immer wieder auftauchen. Irgendwann wird Ihnen Ihre Affäre dann die Pistole auf die Brust setzen und Sie werden nicht mehr drum herumkommen, ja oder nein zu sagen. Und wenn Sie nein sagen, wird Ihre Affäre die Sache sehr wahrscheinlich beenden.

Auch wenn diese Situationen emotional aufgeladen sind – die Komplexität des Falles „Enttäuschte Erwartungen" ist im Vergleich zu den folgenden Konstellationen relativ niedrig. Ihre Affäre hat zwar nicht das bekommen, was sie gerne gehabt hätte, aber sie kann von sich sagen, die Sache beendet zu haben, und damit ist ihr Stolz nicht allzu sehr verletzt.

Ihre Affäre will eine Beziehung – Sie sind sich nicht sicher. Das ist der absolut schlimmste Fall! Sie wissen selbst nicht genau, was Sie wollen. An diesen Abenden, an denen Sie zu zweit zu Hause bei schöner Musik kuschelnd im Bett oder auf dem Sofa liegen, fühlen Sie sich einander sehr nahe und wünschen sich, es würde ewig so weitergehen. Auf der anderen

---

[39] Männer, denen es wichtig ist, wegen ihrer Affären kein schlechtes Gewissen zu haben, sind in ihren Affären 9% häufiger derjenige, der die Affäre beendet.
[Quelle: Umfrage Trend Research]

Seite steht die Erkenntnis, dass Sie nicht so verliebt sind, dass Sie alle anderen Frauen ausblenden. Oder Sie stellen fest, dass Sie nach längerer Zeit, die Sie mit Ihrer Affäre alleine verbracht haben, plötzlich das Bedürfnis haben, auszubrechen. Mit anderen Worten: Sie haben Zweifel, ob Sie sich mit ihr wirklich auf längere Sicht absolut wohl fühlen könnten. Sie sind begeistert, aber eben nicht immer und schon gar nicht restlos. Und nun verlangt Ihre Affäre eine Entscheidung. Nun ist guter Rat teuer, lieber Kollege – ich möchte nicht mit Ihnen tauschen.

Das Beste wäre nun, Ihren Gefühlen Zeit zu geben. Sie müssen prüfen, in welche Richtung Ihr Bauchgefühl geht. Wenden Sie deshalb zunächst eine Verzögerungstaktik an, die in diesem Fall durchaus moralisch legitim ist, weil Sie sich ja wirklich noch im Unklaren sind („Ich weiß nicht, was daraus werden soll. So gern ich würde – ich kann und will dir im Moment mit gutem Gewissen nichts versprechen. Können wir nicht noch einmal ein bisschen schauen, wie wir uns miteinander fühlen?"). Das wird Ihnen noch etwas Zeit geben, Ihre Gefühle zu ordnen.

Lassen Sie sich jedoch nicht unter Druck setzen: Sollten Sie sich mit halbem Herzen in eine Beziehung drängeln lassen, ist das zwar der Weg des geringsten Widerstands, aber Sie werden dann über kurz oder lang noch sehr viele emotionale Wellenritte mitmachen müssen. Denn wenn Sie sich schon während der Affäre nicht sicher sind, ob die Dame die Richtige für Sie ist, werden diese Zweifel nicht weniger werden, wenn Sie unter Druck eine Beziehung eingehen. Im Gegenteil – die Freiheiten, die Sie vorher hatten, bestehen nun nicht mehr. Ihr Drang, auszubrechen, wird noch viel stärker werden. Eine Beziehung, die unter Zweifeln begonnen wird, hat in den seltensten Fällen Bestand.

Ich persönlich ziehe es vor, die Affäre zu beenden, wenn sich meine Gefühle nach einer längeren Zeit immer noch nicht geklärt haben. Sie werden dann entweder merken, dass Sie über Ihre Ex-Flamme hinwegkommen oder sie so schrecklich vermissen, dass Sie bereit sind, mit ihr eine Beziehung einzugehen. Allerdings mit einem gravierenden Unterschied: Sie haben dann Ihre Zweifel beiseitegelegt. Eine mögliche Beziehung stünde auf einer ganz anderen Basis. Sie würden sich von ganzem Herzen darum bemühen, Ihren zukünftigen Schmetterling wieder gnädig zu stimmen.

Sie verlieren das Interesse an Ihrer Affäre: Diese Variante ist undankbar, weil Sie selbst aktiv werden und die Sache beenden müssen. Und Sie wissen vorab, dass Sie Ihrer Affäre damit wehtun werden. Deswegen tun Sie nichts, solange Sie nicht absolut sicher sind, was Sie wollen. Zögern oder zweifeln Sie im Moment der Wahrheit, kippen Sie womöglich im Laufe des Gesprächs wieder um – was die Sache kompliziert macht und nur noch mehr verletzte Gefühle erzeugt. Sind Sie sich bezüglich Ihres Bauchgefühls noch unsicher, so geben Sie diesem Zeit, sich in die eine oder andere Richtung zu entwickeln (siehe vorigen Absatz „Sie will eine Beziehung – Sie sind sich nicht sicher"). Wenn Sie sich sicher sind, versuchen Sie Ihr schlechtes Gewissen zurückzudrängen und bringen die Sache geradeheraus und ohne Schnörkel auf den Tisch. Nur dann können Sie auch wirklich konsequent sein – das hilft, eine Schlammschlacht zu vermeiden.

Sie interessieren sich für eine andere Frau: Der Super-GAU zuletzt: Sie fragen sich, ob Sie einen passiven Zahn zu einem aktiven umwandeln sollten – obwohl diese Position derzeit noch gar nicht vakant ist. Diese Konstellation ist die bei weitem komplizierteste und wartet mit den meisten Stolperfallen auf! Also: Sie widmen sich gerade der einen Affäre. Nun treffen Sie aber eine Frau, die Sie interessanter finden. Was tun? Stellen Sie erst einmal sicher, dass die Neue auch Interesse hat und akquirieren Sie ihre Telefonnummer, E-Mail-Adresse etc. Führen Sie die ganz normale Akquise eines passiven Zahnes durch und halten Sie sich alle Wege offen. Vermeiden Sie mit aller Kraft Kurzschlusshandlungen und geben Sie keinem kurzfristigen Verlangen nach. Sie wissen so gut wie ich: Manches Federvieh, was nach dem zehnten Bier wie ein Paradiesvogel wirkt, ist bei Tageslicht betrachtet nichts als eine gewöhnliche Amsel. Überstürzen Sie also nichts. Seien Sie sich im Klaren darüber, dass Sie mit Beginn einer neuen Affäre die alte verlieren werden – und Sie wollen ja nicht plötzlich aus Versehen eine Amsel für eine funktionierende Romanze eingetauscht haben. Also checken Sie die Lage, vielleicht bei einem kurzen Lunch mit der Neuen. Wenn sich dann herausstellt, dass die Sache nicht mehr so heiß gegessen wird, wie sie gekocht wurde, überlegen Sie sich, ob es sich lohnt, die Neue als passiven Zahn einzugliedern. Sollte sich nicht einmal das lohnen? Dann hatten Sie wohl wieder mal die rosa-rote Bierbrille auf! Erweist sich Ihr neues Juwel jedoch als genauso glän-zend wie beim Ersteindruck – nun, dann wird es ernst. Es bedeutet, je-manden, den man gern hat, böse vor den Kopf zu stoßen. Aber wenn Sie wirklich die Pferde tauschen wollen, teilen Sie Ihrer Affäre die Lage mit.

Fazit: Sachlage checken, Entscheidung treffen, Aussprache suchen und dann beten, dass die Sache gut über die Bühne geht.

B5. Zahnpflege – die Administration des passiven Bestands

Als Anwender der Haifischzahnstrategie werden Sie bald merken, dass die Administration Ihres passiven Bestands nicht so einfach ist. Die Pfle-ge passiver Zähne bietet eine Vielzahl von Tücken und Fallen, die Sie kennen müssen. Es erfordert einige Zeit und Übung, bis Sie die Kunst beherrschen, Ihre bestehenden Ressourcen zu hegen und zu pflegen und nicht sinnlos zu vergeuden.

Was also gibt es zu beachten? Nun, wir müssen uns dazu eigentlich nur anschauen, welche Gründe es dafür geben kann, dass sich Frauen aus Ihrem passiven Bestand verabschieden. Wenn wir die Ursachen dafür kennen, sind wir dem Ziel sehr nahe, die Abgänge bis zu einem gewissen Maße kontrollieren und möglichst klein halten zu können. Im Laufe der Untersuchungen haben sich vier Mechanismen ergeben, die Ihren pas-siven Bestand reduzieren können.

„Eigenkonsum": Dies ist der Weg, auf dem sich eine passive Affäre aus Ihrem Bestand verabschieden sollte – indem sie irgendwann zu Ihrer ak-tiven Affäre wird und Sie beide eine wunderschöne Zeit miteinander ha-ben. Aber irgendwann wird die Sache entweder durch Sie oder die betei-ligte Dame beendet. Dieser Zahn muss nun logischerweise aus dem Bestand gestrichen werden. Wie gesagt, genau so soll es sein. Das Ein-zige, was Sie beim Eigenkonsum beachten müssen, ist, dass er nicht hö-her ist als die Nachschubakquise.

Enttäuschte Erwartungen: Mit dem Mechanismus der enttäuschten Erwartungen wird die Sache nun kompliziert. Genau wie aktive Affären können auch passive Affären dadurch beendet werden. Angenommen, Sie haben bereits eine aktive Affäre und lernen eine weitere Dame kennen, die Sie attraktiv finden. Die Theorie besagt nun, dass Sie in einem solchen Fall erst einmal die Füße stillhalten und sich gut überlegen sollten, ob und wann Sie versuchen, Sie in den aktiven Zustand zu überführen.

Diese Entscheidung hängt jedoch leider nicht immer nur von Ihnen ab. Frauen sind ungleich komplizierter als Haifischzähne und haben im Gegensatz zu diesen ein nur bedingt kontrollierbares Eigenleben.

Lernen Sie eine Frau kennen, erzeugen Sie bei ihr, abhängig von Ihrem Agieren, eine mehr oder weniger hohe Erwartungshaltung. Das geschieht häufig unbewusst und ohne dass Sie es wollen oder merken. Irgendwann wird die Erwartung an Sie derart hoch sein, dass Sie die Dame nun eigentlich in den aktiven Zustand überführen müssten – Sie wollen das aber noch gar nicht! Die damit unvermeidlich einhergehende Enttäuschung erzeugt unter Umständen bei Ihrem passiven Zahn eine Verstimmung, die bis zum Komplettverlust führen kann.

Es gilt also, die Erwartungen der Dame im passiven Pool um jeden Preis auf einem sehr niedrigen Level zu halten, ansonsten läuft man Gefahr, sie zu verlieren. Wie aber stellt man das an?

Bleiben wir beim Beispiel Patrizia: Ihre Erwartungshaltung wird zum einen stark durch die Kontaktfrequenz von Ihrer Seite aus bestimmt. Melden Sie sich ständig bei ihr, nimmt die Frau an, dass Sie lieber gestern als heute zum Punkt kommen wollen und stellt sich dementsprechend darauf ein. Durch Ihre ständige Präsenz schaffen Sie eine stillschweigende Verbindlichkeit, und dann heißt es: Wer „A" sagt, muss auch „B" sagen. Kommt das „B" nicht, während Patrizia die ganze Zeit darauf wartet, wird sie irgendwann bockig. Vielleicht denkt sie auch, Sie wären nur zu schüchtern und ergreift irgendwann selbst die Initiative. Sie wollen das Ganze aber noch gar nicht hochkochen, weil es mit Ihrer momentanen aktiven Affäre Andrea noch wunderbar läuft! Patrizias Vorstoß provoziert deswegen eine Zurückweisung – und das wird sie schwer enttäuschen. Es ist also sehr wichtig, die Kontaktfrequenz niedrig zu halten und die Sache auf kleiner Flamme köcheln zu lassen.

Neben der Kontaktfrequenz gibt es aber auch die Kontaktintensität. Selbst wenn die Frequenz perfekt eingestellt ist, kann ein zu intensiver Kontakt zu hohe Erwartungen erzeugen. Ein Candlelight-Dinner bei Ihnen zu Haus ist nicht unbedingt das richtige Mittel, um das Ganze vor dem Überkochen zu bewahren. Lassen Sie Patrizia deshalb spüren, dass Sie sie durchaus attraktiv finden, aber stürmen Sie nicht wie ein wild gewordener Casanova auf Sie los! Besagte Lunch-Dates erwecken zwar den Eindruck eines Interesses Ihrerseits, lassen jedoch nicht auf eindeutige Absichten schließen. Außerdem sollten Sie versuchen, möglichst frühzeitig zu kommunizieren, dass Sie zurzeit eine aktive Affäre haben. Das hilft, die Entstehung enttäuschter Erwartungen bereits in einem sehr frühen Stadium zu verhindern (siehe Kapitel „Die Kommunikation mit den passiven Affären").

Also: Halten Sie sowohl die Kontaktintensität als auch -frequenz mit Ihren passiven Zähnen niedrig. Eine passive Affäre sieht im Idealfall ihr gegenüber so aus wie eine lockere Bekanntschaft auf freundschaftlicher Basis. Dies ist der wichtigste Punkt bezüglich der Administration Ihres passiven Bestands. Wenn Sie diesen beachten, werden Sie immer ein paar fröhliche Fischchen im Reservebecken haben!

Abwerbung durch andere Männer: Frauen wollen jemanden, der sich nur um sie kümmert. Auch wenn Sie ein noch so großer Liebhaber sein sollten, dann wird es keiner Dame auf Dauer ausreichen, Sie nur aus der Ferne anhimmeln zu dürfen. Immer wieder wird es Ihnen passieren, dass plötzlich ein anderer auf den Plan tritt und Ihnen Ihre passive Affäre wegschnappt. Nun, dazu lässt sich nur sagen: That's life!

Das Schöne dabei: Die Abwerbung ist meist nur temporärer Natur. Wenn die Dame die Geschichte mit dem anderen Kerl beendet hat, kann sie Ihrem passiven Bestand meist mit verschwindend geringem Aufwand wieder zugebucht werden. Und sollte dies einmal nicht der Fall sein und die Konkurrenz hat die Dame langfristig vom Markt genommen – dann seien Sie so großherzig und gönnen dem Mann seine Traumfrau. Der einzige Punkt, den es hier zu beachten gilt, ist, dass Sie, sollten Sie irgendwann Ihre Traumfrau treffen, diese natürlich nicht im passiven Status verweilen lassen dürfen, sondern ohne Umschweife aktivieren müssen. Nicht, dass Ihnen wegen einer Affäre die Frau Ihres Lebens flöten geht!

Freundschaftsfalle: In einigen Fällen kann es passieren, dass aus einer passiven Affäre eine Freundschaft entsteht. Mit zunehmender Tiefe der Freundschaft wird das Eingehen einer unverbindlichen Affäre sehr bald schwierig und ab einem gewissen Punkt unmöglich. Auch wenn dieses Phänomen eine Reduzierung Ihres passiven Bestands bedeutet: Ich würde es nicht als Verlust einer passiven Affäre bezeichnen, sondern als Gewinn einer Freundschaft. Und: Weibliche Freunde sind eine wunderbare Brücke, um weitere weibliche Bekanntschaften zu schließen. Insofern kann man diese Freundschaften – im Sinne unserer Analyse einmal rein ergebnisorientiert betrachtet – auch als Investment in Ihren zukünftigen Bestand sehen.

B6. Zahnwechsel – Verhalten in Rüstzeiten

Eine Rüstzeit im klassischen Sinn ist die Zeit, die benötigt wird, um eine Maschine nach Abschluss eines Arbeitsganges auf den nächsten vorzubereiten. Im Rahmen dieses Buches lassen Sie uns darunter die Zeit zwischen Beendigung der einen Affäre und dem Beginn der nächsten verstehen. Das dahinterliegende Prinzip ist einfach. Bevor es mit einer Affäre konkret wird, ist eine von Frau zu Frau unterschiedlich lange Kennenlernphase nötig. In dieser Zeit liegen wir auf dem Trockenen. Wenn diese Zeitspanne lediglich 20 Minuten beträgt, brauchen wir hier nicht weiter zu diskutieren. Liegt sie aber bei drei oder mehr Abenden, die man gemeinsam verbringt, entsteht eventuell eine Lücke in der Versorgungskette[40], die wir innerhalb unserer Analyse betrachten müssen. Ihre Strategie sollte also nach Möglichkeit das Auftreten von Rüstzeiten minimieren.

Rüstzeiten sind immer Zeiten mit hohem Konfliktpotenzial. Ihre aktive Affäre ist gerade beendet, und nun müssen Sie eine der Damen aus Ihrem passiven Pool aktivieren. Der dafür nötige Auswahlprozess beinhaltet jedoch meist mehrere Damen, und das steigert die Komplexität der Sache. Die größte Gefahr in Rüstzeiten ist, die passiven Affären zu verlieren, wenn sie diesmal nicht in den aktiven Status überführt werden. Deswegen ist es äußerst wichtig, den Grad des Engagements während des Entscheidungsprozesses so niedrig wie möglich zu halten, um oben genanntes Phänomen der enttäuschten Erwartungen zu vermeiden. Denn wenn Sie alle passiven Affären parallel hochkochen und dann alle bis auf eine wieder fallen lassen, fühlen sich die Damen zu Recht vor den Kopf gestoßen. Sie haben dann mit großer Wahrscheinlichkeit einige passive Affären weniger. Haben Sie sich hingegen lediglich ein- oder zweimal kurz und unverbindlich (und ohne dass etwas passiert ist), getroffen, kann man die Sache einfach wieder ein bisschen ruhen lassen, ohne dass weitere Konsequenzen auftreten. Ich weiß, wie schwer gerade dieser

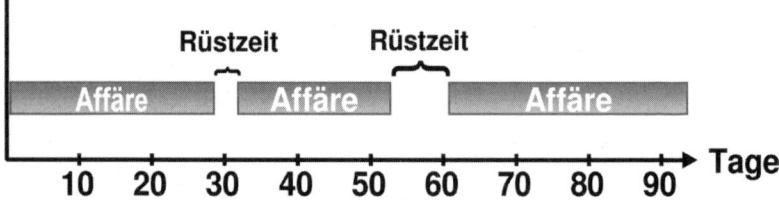

Abbildung 11 – Rüstzeit

Punkt der Zurückhaltung während einer sexuellen Durststrecke sein kann – aber hören Sie auf Vater Bulle: Mittelfristig wird es sich für Sie in Form eines jederzeit sicheren Vorrats passiver Zähne auszahlen.

Vermeiden Sie außerdem bei Gesprächen mit Ihren passiven Affären das Thema „andere passive Affären" soweit wie möglich, um etwaigen

---

[40] Ca. 70% der Befragten Männer und Frauen haben durchschnittlich spätestens beim dritten Treffen den ersten Sex. Im Durchschnitt über alle Befragten ergab sich eine Rüstzeit von 2,1 Treffen, bis es zum ersten Sex kommt. (Frage: „Angenommen, Sie tauschen mit einem Mann [einer Frau] Telefonnummern aus und treffen sich. Beim wievielten Treffen haben Sie durchschnittlich zum Mal Sex [das beinhaltet Petting]?") [Quelle: Umfrage Trend Research]

Komplikationen von vornherein aus dem Weg zu gehen. Werden Sie dennoch durch einen dummen Zufall direkt auf eine der anderen Damen aus dem passiven Pool angesprochen, ist diese eben eine Freundin, die Sie sympathisch finden – aber plappern Sie auf keinen Fall mehr aus! Sie sind niemandem, mit dem Sie keine aktive Affäre haben, Rechenschaft über Ihre Aktivitäten schuldig.

Nun haben Sie das nötige Rüstzeug. Alles was jetzt noch fehlt, ist ein bisschen Übung!

Wir haben uns nun en detail um alle Aspekte der Haifischzahnstrategie gekümmert. Im nächsten Schritt werden wir die Effizienz aller genannten Strategien vergleichen. Denn der Laie denkt womöglich spontan: „Viel hilft viel! Wenn Mann die Möglichkeit dazu hat, nach der Jungbullenstrategie vorzugehen, dann ist es aus rein egoistischer Sicht doch die optimale Strategie, oder?" Und es erscheint auch wesentlich unkomplizierter, weil man sich nicht um das Gefühlsleben der weiblichen Mitmenschen kümmern muss. Nun, diesem Trugschluss kann man leicht aufsitzen. Aber: Ehrliches Verhalten macht sich bezahlt. Und in den folgenden Kapiteln werden wir systematisch nachweisen, dass dieser Leitsatz auch in Bezug auf das Affärenmanagement Gültigkeit hat.

Teil 4: TÜV – die Auswahl der für Sie optimalen Strategie

Wir haben nun sowohl die Bedürfnisse des Single-Mannes ermittelt als auch die verschiedenen Strategien zu deren Befriedigung bestimmen können. Bisher also ganz konform zur Strategieanalyse im Unternehmen.

Im nächsten Schritt werden wir nun Punkte dafür vergeben, wie gut jede Strategie die Befriedigung eines Bedürfnisses unterstützt. Das wird durch eine Benotung auf einer Skala von 1 bis 5 Punkten geschehen, wobei 5 Punkte das beste Ergebnis ist und 1 Punkt das schlechteste. Wenn ich im Folgenden von der Punktzahl P spreche, meine ich diese Benotung. Zunächst jedoch noch zwei grundlegende Vereinbarungen, die wir treffen müssen, um einen rationalen und aussagekräftigen Vergleich der drei Strategien sicherzustellen:

Gleiche Grundvoraussetzungen der drei Probanden: Die jeweiligen virtuellen Vertreter der Strategien, die wir gegeneinander aufstellen, sind in allen Grundvoraussetzungen, wie z. B. körperliche Attraktivität, beruflicher Erfolg, Kleidung etc. gleich. Wäre ein Proband attraktiver als die beiden anderen, wäre er unter Umständen trotz unterlegener Strategie erfolgreicher in der Erfüllung seiner Bedürfnisse als die beiden weniger gut aussehenden Vergleichsobjekte. Nur wenn wir sämtliche anderen Einflussfaktoren neben der Verhaltensstrategie ausschalten, können wir objektiv vergleichen.

Durchschnittliche Grundvoraussetzungen der drei Probanden: Unsere Probanden sind durchschnittlich attraktiv. Sie sind keine Männer, bei denen gleich alle Frauen in Ohnmacht fallen, sobald sie als Getränkemann die Cola Light im Büro abliefern. Dennoch können sie mit etwas Glück, Geduld und Spucke an einem guten Tag auch mal eine echte Klassefrau erobern. Sie haben also durchschnittliche körperliche Attraktivität, durchschnittlichen Charme etc. Diese Annahme ist nötig, weil sich dieses Buch an den Bedürfnissen normaler Männer orientiert und nicht an denen eines Brad Pitt.

In einem zweiten Schritt müssen wir die Benotungen der einzelnen Bedürfnisse zu einer Endnote zusammenfassen. Die Strategie mit der besten Note ist dann gleichzeitig auch die erfolgversprechendste.

So simpel das zunächst klingt – genau hier stehen wir vor einer großen Schwierigkeit. Denn die Bedürfnisse sind unterschiedlich bedeutsam. Fast niemand wird die Grundversorgung mit Sex als genauso wichtig bewerten wie die Effizienz, mit der das Affärenmanagement abläuft. Wichtigere Bedürfnisse sollten also stärker in die Endnote eingehen. Wir müssen deswegen die Einzelpunktzahlen P mit einem Gewichtungsfaktor G gewichten, bevor wir sie addieren (siehe dazu Abb. 12), ähnlich wie sich früher die Gesamtnote in Deutsch aus 40 % mündlicher Beteiligung und 60 % schriftlichen Ergebnissen zusammensetzte.

Darüber hinaus kommt erschwerend hinzu, dass die Gewichtung der einzelnen Bedürfnisse von Person zu Person unterschiedlich ist. So kann

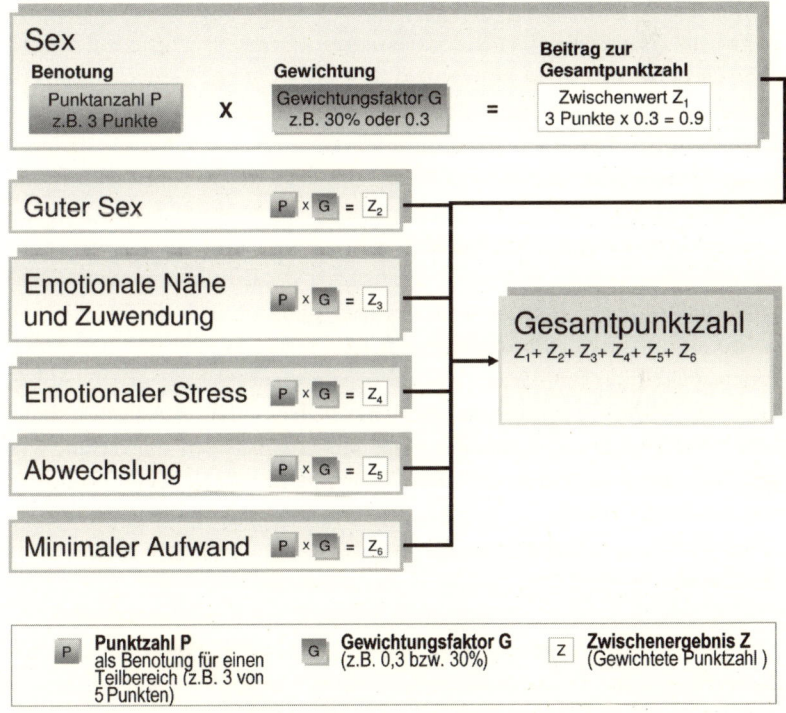

Abbildung 12 – Berechnungsprozess der Gesamtnote für eine Strategie

für den einen die Abwechslung das absolut Allerwichtigste sein, für den anderen ist das eher marginal – er wünscht sich guten Sex und viel emotionale Nähe. Und sogar bei einer einzelnen Person kann sich die Gewichtung über die Zeit verschieben. Die persönlichen Prioritäten verändern sich bekanntermaßen je nach Lebenslaune und -lage.

Um also für sich die optimale Strategie passend zu Ihrer momentanen Lebensphase zu finden, müssen Sie in die Kalkulation Ihre individuelle Gewichtung eingeben, die Ihre aktuellen Präferenzen wiedergibt. Auf diese Weise finden Sie die für sich ganz persönlich optimale Handlungsstrategie. Das dazugehörige Berechnungsmodell habe ich für Sie im Internet hinterlegt. Sie finden es unter der URL:

http://www.haifischzahnstrategie.de/berechnungsmodell.xls

Nach dem Download können Sie Ihre persönlichen Gewichtungsfaktoren in das Tool eintragen und erhalten so ganz individuelle Endnoten, die Ihnen den Weg zu der für Sie optimalen Strategie weisen. Ebenso können Sie im Tool die Bewertungen verändern, wenn Sie bezüglich der von mir vergebenen Punktzahlen anderer Meinung sind.

Dabei bitte ich jedoch, Folgendes zu beachten: Wir hatten gesagt, dass wir bewerten wollen „wie gut eine Strategie die Erfüllung eines Bedürfnisses unterstützt". Warum bewertet man nicht einfach direkt, wie gut ein Bedürfnis durch eine Strategie befriedigt wird? Was ist überhaupt der Unterschied zwischen diesen beiden Vorgehensweisen?

Lassen Sie mich das anhand eines Beispieles erklären: Angenommen, wir beobachten zwei Probanden über mehrere Wochen daraufhin, wie viel Sex sie haben. Beide sind gleich gut aussehend. Proband Nummer eins ist jedoch charmant, eloquent und hat eine sehr sympathische Art. So wird es für die Damen fast unmöglich, ihn von der Bettkante zu stoßen. Nummer zwei dagegen hat nicht wegen, sondern trotz seines Verhaltens Sex. Weil er wesentlich mehr Körbe kassiert, muss er doppelt so viele Frauen ansprechen, um zum selben Ergebnis wie Proband Nummer eins zu kommen.

Ein mögliches Resultat des Versuchs wäre, dass beide Probanden im Durchschnitt zweimal pro Woche Sex hatten. Beide Vorgehensweisen haben also das Bedürfnis nach Sex gleich gut befriedigt. Würde man nur das quantitative Resultat betrachten, müsste man beide gleich bewerten. Zieht man jedoch in Betracht, wie gut eine Strategie die Zielerreichung unterstützt, sieht es anders aus: Das charmante Verhalten von Proband Nummer eins hat die Zielsetzung (Sex) optimal unterstützt und würde deswegen mit 5 Punkten bewertet werden. Proband Nummer zwei hingegen wäre, wenn er mit Charme vorgegangen wäre, wesentlich leichter an sein Ziel gelangt. Seine Strategie hatte im Gegenteil eher einen negativen Effekt auf die Zielerreichung. Deswegen würde er, obwohl er letztendlich genauso viel Sex bekommen hat, dennoch mit der schlechtesten Wertung von einem Punkt bewertet werden.

So viel zur Vorbereitung. Lassen Sie uns nun mit der Bewertung der Strategien beginnen.

A. Sex

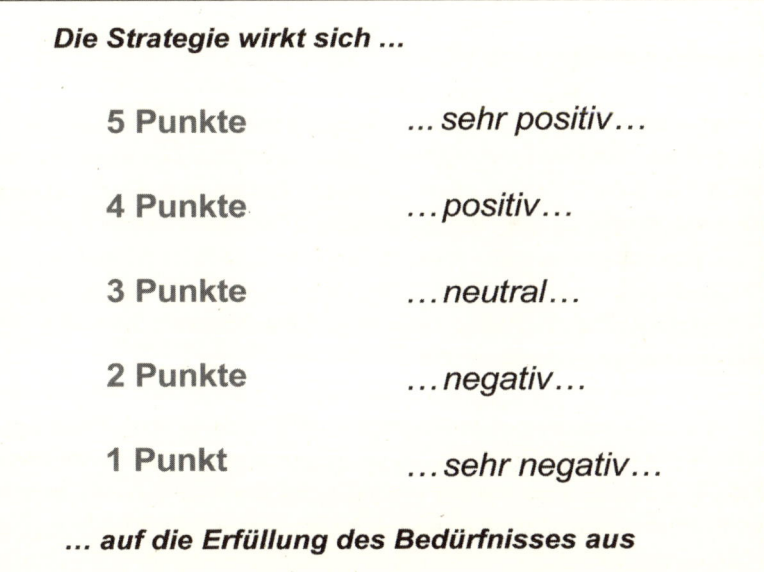

Die Strategie wirkt sich ...

5 Punkte	*... sehr positiv ...*
4 Punkte	*... positiv ...*
3 Punkte	*... neutral ...*
2 Punkte	*... negativ ...*
1 Punkt	*... sehr negativ ...*

... auf die Erfüllung des Bedürfnisses aus

Abbildung 13 – Erklärung der Punktevergabe

Die Grundvoraussetzung für die Befriedigung des Bedürfnisses nach Sex ist das Vorhandensein einer Affäre oder zumindest eines One-Night-Stands. Um in diesem Punkt zu einer Bewertung zu kommen, müssen wir also den Einfluss der Strategien auf den Bestand betrachten.

Wir haben bereits gelernt, dass der Bestand von drei Faktoren abhängt: dem Konsum, der Akquise und den Rüstzeiten. Das macht eine Bewertung sehr komplex.

Während bei allen anderen Bedürfnissen die Bewertung in einem Schritt geschehen kann, ist es in diesem speziellen Fall sinnvoll, in zwei Schritten vorzugehen: Zunächst eine Bewertung der Einzelkomponenten Konsum, Akquise und Rüstzeiten und darauf folgend die Zusammenfassung zu einem Endergebnis.

Lassen Sie uns also zunächst schauen, wie gut sich unsere drei Probanden in Bezug auf den Konsum bzw. die Effizienz im Umgang mit ihren Ressourcen schlagen.

A1. Konsum

Der Jungbulle ist aufgrund seines lediglich triebgesteuerten Verhaltens prädestiniert für Parallelaffären und aus diesem Grund ineffizient in seiner Ressourcennutzung. Um das in harten Zahlen auszudrücken, nehmen wir einmal an, dass ein Jungbulle im Durchschnitt zwei Wochen nach dem Beginn einer Affäre schon die nächste am Wickel hat und seine durchschnittliche Affärenlänge 4 Wochen beträgt. Dann würde sein Affärenverbrauch in drei Monaten bei sechs Affären liegen – doppelt so viel wie bei linearer Abarbeitung.

Dies würde bedeuten, dass er pro Monat zwei Frauen akquirieren müsste, um seinen Bedarf gerade eben so zu decken. Ist er mit dem Kennenlernen von zwei Zielobjekten pro Monat in guten wie in schlechten Zeiten überfordert, so werden zwangsläufig Versorgungslücken auftreten, oder der Jungbulle muss sich mit leicht zu jagendem Wild geringerer Qualität zufriedengeben. Der Jungbulle forciert mit seinem Verhalten das Auftreten von Versorgungslücken also geradezu.

Benotung Konsum Jungbulle: 1

Der Prinz ist schon effizienter in der Nutzung seiner (zugegeben recht begrenzten Ressourcen), da er nicht parallel arbeitet. Die Dauer seiner Affären wird nicht durch die Anwesenheit von Mitbewerberinnen oder durch mangelnde Aufmerksamkeit für die Angebetete verkürzt. Seine Effizienz wird jedoch durch das „Blinder-Ritter"-Phänomen beeinträchtigt. Da der typische Prinz in der Auswahl seiner Affären etwas anspruchsvoller ist, wird die Akquise einer Dame, die seinen hohen Qualitätsansprüchen entspricht, zu einem seltenen und freudigen Ereignis. Deswegen neigt der Prinz dazu, seine Beute auf Schritt und Tritt zu umwerben. Erkennen Sie das Szenario, welches das „Blinder-Ritter"-Phänomen begünstigt, wieder? Unser bemitleidenswerter Königssohn wird sich sehr häufig mit der Tatsache abfinden müssen, dass seine Angebetete lieber wieder mit ihren Freundinnen durch die Bars zieht, um sich einen echten Kerl an Land zu ziehen, der ihr nicht hinterherläuft. Auf der anderen Seite sind die Affären des Prinzen, wenn sie die ersten zwei Wochen überstehen, im Vergleich langlebiger – oder enden sogar in einer Beziehung. Fazit: Im Durchschnitt weist der Prinz eine durchaus gute Effizienz in der Nutzung seiner (begrenzten) Ressourcen auf.

Benotung Konsum Prinz: 4

Der Haifischmann muss damit leben, dass die Existenz der passiven Affären nicht unbedingt stimmungsfördernd auf die aktuelle Flamme ist, was seine Affären in einigen Fällen durchaus verkürzen kann.

Aber: Er hat keine Parallelaffären. Sein Verbrauch ist somit per se niedriger als der des Jungbullen. Er wird sich darüber hinaus nicht wie der Prinz blind vor Verlangen auf eine Frau stürzen und dadurch das „Blinder-Ritter"- Phänomen forcieren, denn aufgrund seines vorhandenen Pools an passiven Affären hat er durchaus andere Optionen. Insofern ist er in der Nutzung seiner Ressourcen ähnlich effizient wie der Prinz.

Eine suboptimale Nutzung seiner (passiven) Bestände könnte sich lediglich aus der Freundschaftsfalle oder der Gefahr der Abwerbung durch andere Kerle ergeben. Aber wie oben schon erwähnt: Diese beiden Faktoren haben langfristig keinen wirklich negativen Effekt auf den Bestand. Durch Abwerbung verlorene Beutestücke können nach Ende der Liaison mit der Konkurrenz dem eigenen Bestand meist mit lediglich geringem Aufwand wieder zugebucht werden. Und die Freundschaftsfalle macht zwar eine Affäre unmöglich, gleicht diesen Verlust jedoch durch zusätzliche Bekanntschaften wieder aus, die diese Freundschaft ermöglicht.

Benotung Konsum Haifisch: 4

A2. Akquise

Die Akquise ist, wie wir gesehen haben, ein Thema mit vielen Facetten, was auch die Bewertung komplex macht.

Problematisch ist dabei insbesondere der starke Einfluss der strategieunabhängigen Faktoren wie die körperliche Attraktivität, die äußeren Umstände oder die sonstigen stimmungsbeeinflussenden Faktoren. Wie sollen diese in der Benotung berücksichtigt werden?

Nun, da wir zu Beginn der Betrachtung bei unseren drei virtuellen Probanden von gleichen Grundvoraussetzungen ausgegangen sind, werden diese strategieunabhängigen Faktoren bei allen dreien einen identischen Einfluss auf die Endnote haben. Das macht die Sache einfach. Wenn der Einfluss ohnehin bei allen drei Strategien gleich ist, können wir sie genauso gut außen vor lassen.

Zur Erinnerung noch einmal ein kurzer Überblick über die Einflussfaktoren, die wir bereits für das Akquisepotenzial identifiziert haben und im Folgenden zur Bewertung heranziehen werden (falls Sie die Zusammenhänge nicht mehr erinnern sollten, schauen Sie doch noch einmal kurz in das Kapitel „Die Grundvoraussetzung"):

1. mentale Verfassung (Entspanntheit durch ausreichenden Bestand, Selbstvertrauen durch Bestandsqualität)
2. Marktwert (Ehrlichkeit und Treue, induzierter Marktwert)
3. Technik und Training

Außerdem habe ich Ihnen in der Abbildung 14 den gesamten Berechnungsprozess der Endpunktzahl für das Bedürfnis Sex noch einmal im Zusammenhang grafisch dargestellt. Aber nun zur Bewertung.

BERECHNUNG JUNGBULLE

Mentale Verfassung: Wir hatten den Jungbullen ja bereits als verschwenderisch im Umgang mit seinen Ressourcen beurteilt. Deswegen besteht trotz des tendenziell hohen Nachschubs in guten Zeiten immer das Risiko von Versorgungslücken, wenn die mentale Verfassung mal abfällt. Dasselbe gilt für sein „Selbstvertrauen durch Qualität". Auf-

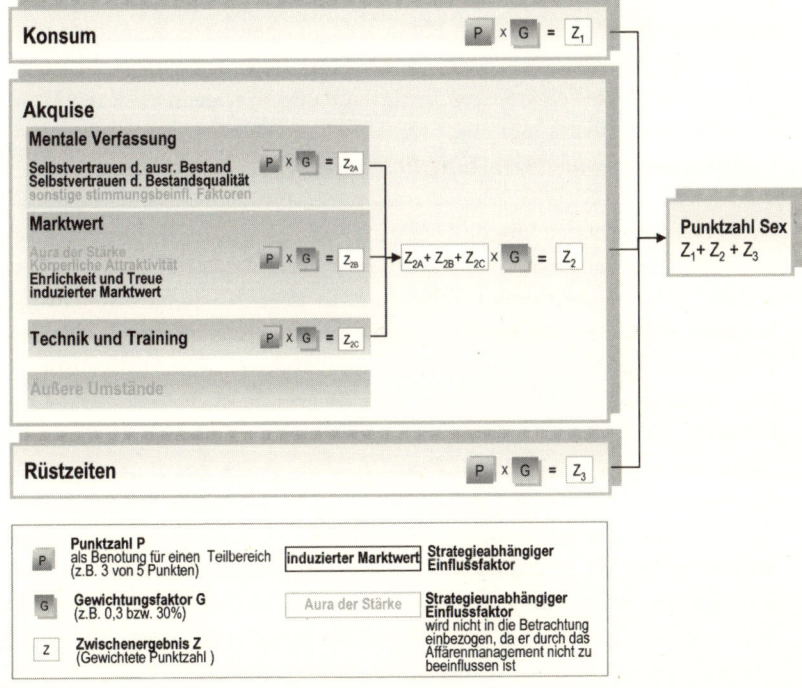

Abbildung 14 – Berechnungsprozess Benotung Bedüfnis Sex

135

grund seines hohen Verbrauchs ist die Anzahl an Qualitätsdamen im Bestand des Jungbullen stark schwankend. Er hat somit nicht immer die Möglichkeit, sein Selbstvertrauen aus seinem Bestand heraus wieder aufzubauen.

Wenn er in jüngster Zeit aufgrund eines temporären Tiefs eher unter Fleischereifachverkäuferinnen gewildert hat, wird er es bei Prinzessinnen zunächst schwer haben. Um es zusammenzufassen: Die mentale Verfassung des Jungbullen hängt davon ab, ob er gerade im Überfluss lebt oder sich in einer Dürreperiode befindet. Sein Verhalten wirkt kaum stabilisierend auf seine mentale Verfassung, weswegen diese unkontrolliert und in extremen Wellen verläuft. Der Jungbulle ist deshalb stark gefährdet, in einen Teufelskreis zu geraten – sowohl in Bezug auf Qualität als auch auf Quantität. Ist er einmal in diesem tiefen Loch, kann es lange dauern, bis er sich an den eigenen Haaren wieder herausgezogen hat. Diese Gefährdung gilt besonders für Jungbullen, die körperlich nicht so attraktiv oder beruflich weniger erfolgreich und deswegen bei der Akquise auf eine exzellente mentale Verfassung angewiesen sind.

Benotung mentale Verfassung Jungbulle: 2

Marktwert: Da der Jungbulle aus inzwischen bekannten Gründen unter schwankender Bestandsqualität leidet, kann man ihn an ansonsten einsamen Mittwochabenden schon mal in Begleitung eher schlicht gestrickter Damen antreffen. Der induzierte Marktwert kann also durchaus auch mal katastrophal ausfallen.

Bezüglich der Beeinflussung des Marktwerts durch Fairness und Ehrlichkeit fällt die Bewertung noch negativer aus. Der Jungbulle hat sehr kurzfristige Ziele: Nämlich die Frau, die ihm gerade vor die Flinte läuft, rumzubekommen, egal, wem er damit auf die Füße tritt, und egal, was er der Betroffenen dafür erzählen muss. Damit verursacht er eine Menge verletzter Gefühle, und die Damen, die seinen Weg säumen, werden ihm im Nachhinein nicht gerade wohl gesinnt sein. Ex-Affären werden eventuell sogar probieren, ihm seine aktuellen Techtelmechtel zu sabotieren, nur, um ihm sein rücksichtsloses Benehmen heimzuzahlen. Der Jungbulle hat einen schlechten Ruf – und erschwert sich damit selber die Akquise des Nachschubs. Frauen lassen sich mit einem Jungbullen also eher trotz als wegen seiner Verhaltensstrategie ein. Der Marktwert des Jungbullen wird demzufolge sehr stark durch strategieunabhängige Faktoren wie z. B. körperliche Attraktivität bestimmt, da seine Wahllosigkeit und sein unfaires Benehmen gegenüber der Frauenwelt seinem Marktwert absolut abträglich sind.

Benotung Marktwert Jungbulle: 1

Trainingszustand: Unser Jungbulle weist den maximal möglichen Trainingsstand auf. Er hat eine extrem hohe Angriffsfrequenz, da alles angegangen wird, was nicht rechtzeitig die Flucht ergreift. Somit wird sein Puls bei einem Akquiseversuch auch nicht unnötig hochschnellen. Er wird ein gewisses Gefühl dafür haben, wann er welche Knöpfe drücken muss, ist deshalb entspannter und kann in vielen Situationen reflexartig reagieren. Deshalb stehen ihm mehr freie Hirnressourcen für Charme, Wortwitz und überraschende Wendungen zur Verfügung.

Benotung Trainingszustand Jungbulle: 5

BERECHNUNG PRINZ

Mentale Verfassung: Der Prinz sorgt nicht für harte Zeiten vor und akquiriert ausschließlich aus dem obersten Regal, also tendenziell quantitativ niedrig und qualitativ hoch. Wenn Sie in unregelmäßigen Abständen seine Bestandsmenge checken, werden Sie deswegen häufig eine glatte Null protokollieren müssen. Versorgungslücken sind an der Tagesordnung – mit allen negativen Folgen für die mentale Verfassung. Auch sein Selbstvertrauen, Eroberungen erfolgreich abschließen zu können, ist durch seine maximalen Ansprüche stark schwankend. In Zeiten, in denen er eine Prinzessin hat, sieht er den Beweis seiner Fähigkeit, Qualität zu akquirieren, täglich vor sich. Dies hilft ihm jedoch wenig, da er in dieser Zeit ohnehin jegliche Akquiseversuche einstellt und nur Augen für seine Prinzessin hat. In den langen einsamen Zeiten hingegen fehlt diese Quelle der Selbstbestätigung. Und weil er ausschließlich beste Qualität ins Visier nimmt, die nur schwer herumzukriegen ist, kann er durchaus über längere Zeit ausschließlich Abfuhren kassieren. Dieser hohe Prozentsatz an Abfuhren schlägt irgendwann auf die mentale Verfassung.

Das wiederum erschwert den Jagderfolg – der Teufelskreis ist da! Verschärfend wirkt, dass der Prinz auch am schwersten wieder aus diesem herauskommt, da er sein Selbstvertrauen nicht wie der Haifischmann oder der Jungbulle sukzessive über das Jagen einfacheren Wildes wieder aufbauen kann, sondern weiterhin hohe Ansprüche stellt.

Fazit: Die mentale Verfassung des Prinzen ist stark schwankend, aufgrund der langen einsamen Zeiten jedoch meistens auf unterdurchschnittlichem Niveau. Sein Handeln wirkt wenig bis gar nicht unterstützend oder stabilisierend auf seine mentale Verfassung

Benotung mentale Verfassung Prinz: 1

Marktwert: Der Prinz wird in der Regel solo anzutreffen sein. In solchen Fällen kommt der Effekt des induzierten Marktwerts nicht zum Tragen. Wenn der Königssohn aber einmal in weiblicher Begleitung ist, wird er ausschließlich mit Exemplaren aus dem oberen Ende der Qualitätsskala zu sehen sein. Der induzierte Markwert durch Qualitätsbeute wird somit meistens ein neutraler und selten ein sehr guter sein.

Darüber hinaus ist der Prinz weithin für seine Fairness und Ehrlichkeit bekannt. Sein Ruf eilt ihm voraus, und Susi wird ihn ohne Bedenken an Hannah vermitteln.

Benotung Marktwert Prinz: 4

Trainingszustand: Die hohen Ansprüche des Prinzen sind nicht nur verantwortlich für seine als äußerst mies zu bewertende Bestandsmenge – sondern ebenso ursächlich für seinen katastrophalen Trainingszustand. Der Prinz startet einen Akquiseversuch eben nur, wenn ihm gerade seine Prinzessin über den Weg läuft – und das passiert äußerst selten! Beim Ansprechen und Flirten wird der Arme deswegen meistens behindert durch Symptome wie Herzklopfen, Schweißausbrüche und Herumstammeln. Bei Neubekanntschaften verkauft er sich fast immer unter Wert – und läuft so Gefahr, dass er, wenn er schon einmal seiner Traumfrau begegnet, die Chance wegen seiner Unbeholfenheit gegen die Wand fährt.

Benotung Trainingszustand Prinz: 1

BERECHNUNG HAIFISCH

Mentale Verfassung: Die Bestandsmenge des Haifischmanns ist wesentlich konstanter als die seiner Konkurrenten, was an seiner im Vergleich zum Prinzen höheren Nachschubmenge liegt. Der Haifischmann ist nicht so wählerisch wie sein königlicher Gegenspieler, und nicht jede, die ihm ins Haus kommt, muss auch Potenzial zur Ehefrau haben. Gegenüber dem Jungbullen weist er einen geringeren Ressourcenverbrauch auf, weil er Parallelaffären vermeidet. Versorgungslücken sind bei ihm demzufolge wesentlich seltener als bei den beiden anderen Probanden.

Durch diese sichere Versorgungslage ist der Haifischmann weniger durch Einsamkeit gefährdet. Enttäuschungen oder Zurückweisungen beim Beutezug haben aufgrund alternativer Optionen einen geringeren negativen Effekt auf seine mentale Verfassung. Fehlt ihm Bestätigung, so kann er sich diese selbst in schlechten Zeiten fast immer bei seinen vorhandenen Beständen holen. Das Heulen des einsamen Wolfes, welches Frauen in den ungeordneten Rückzug treibt, wird man aus denselben Gründen von ihm fast nie zu hören bekommen.

Was für die Menge seines Bestandes gilt, kann man analog bezüglich der Bestandsqualität feststellen: Aufgrund seines moderaten Verbrauchs kann er es sich leisten, nur die jeweils besten Exemplare aus seinem passiven Pool zu entnehmen – und hat genug Zeit, diese ständig wieder zu ersetzen. So finden sich auch auf der Ersatzbank immer ein paar Prachtexemplare.

Natürlich kann diese Reserve auch mal auf null zurückgehen – aber generell wird er in schlechten Zeiten eher als die beiden anderen eine schöne Frau in seinem Bestand finden, die ihm seinen geknickten Kamm im Handumdrehen wieder aufrichtet. Er weist deswegen ein vergleichsweise konstantes Selbstvertrauen auf.

Fazit: Der Haifischmann ist von allen drei Probanden der mental stabilste. Aufgrund dieser Konstanz ist er wesentlich weniger gefährdet, in einen Abwärtsstrudel zu geraten, als dies beim Jungbullen oder Prinzen der Fall ist.

Benotung mentale Verfassung Haifisch: 5

Marktwert: Den fatalen qualitätstechnischen Folgen des „WHJND"-Effekts, also des „Wir-hatten-ja-nix-damals"-Phänomens, beugt der Haifischmann durch eine permanente Akquise und einen moderaten

Konsum vor. Ein Aussetzen des Qualitätsbewusstseins wird damit fast grundsätzlich vermieden. Das stellt auch in mageren Zeiten eine akzeptable Einschätzung seines Marktwerts sicher. Die indirekte Steigerung des Marktwerts durch Qualitätsbeute ist also fast immer gewährleistet.

Fast ebenso gut schneidet er in Bezug auf Fairness und Ehrlichkeit ab. Susi weiß zwar, dass der Haifischmann kein Kind von Traurigkeit ist, aber sie weiß auch, dass er ihre Freundin Hannah nicht schlecht behandeln wird. Insofern wird sie ihre Freundin vielleicht vorwarnen, aber dennoch kein Problem damit haben, ein Treffen zu arrangieren. Dies ist die Idealkonstellation: Ehrlichkeit gepaart mit etwas Abenteuer – einen besseren Einstieg können Sie sich nicht wünschen. Die Fairness des Haifischmannes sorgt darüber hinaus auch für langfristig komplikationsfreies Fischen in heimischen Gewässern, da er sich keinen schlechten Ruf einhandelt.

Fazit: Der Haifischmann unterstützt seinen Marktwert optimal durch seine Strategie – und macht so das Beste aus seinem Potenzial.

Benotung Marktwert Haifisch: 5

Trainingszustand: Der Haifischmann kümmert sich permanent um den Erhalt seines passiven Pools und ist deswegen jederzeit ausreichend im Training. Das gilt besonders für die Edelwildjagd, denn er geht im Gegensatz zum Jungbullen zwar nicht so häufig in den Angriffsmodus, seine Beute ist aber tendenziell hochklassiger und schwerer zu erlegen. Insofern hat er jederzeit auch bei schwierigen Situationen die nötige Übung, um einen Volltreffer zu landen. Und dass er bei Neubekanntschaften wesentlich unverkrampfter rüberkommt als der Prinz, ist klar.

Benotung Trainingszustand Haifisch: 4

ZUSAMMENFASSUNG AKQUISE

Wir haben jetzt die einzelnen Faktoren der Akquise bewertet und müssen diese nun zu einer Gesamtpunktzahl zusammenziehen. Nun ist nicht jeder der Faktoren gleich wichtig. Der induzierte Marktwert ist z. B. wesentlich weniger ausschlaggebend für den Akquiseerfolg als eine gute Technik und das dazugehörige Training. Ich habe mir daher folgende Gewichtungsfaktoren überlegt:

(Bewertung mentale Verfassung x 0,3) + (Bewertung induzierter Marktwert x 0,1) + (Bewertung Technik und Training x 0,6)

Wenn man nun die jeweilige Gesamtnote der einzelnen Strategien für das Akquisepotenzial berechnet, wird die Überlegenheit der Haifischzahnstrategie deutlich: Die Haifischzahnstrategie unterstützt die Akquise im Vergleich zum Jungbullen um 16 % besser, im Vergleich zum Prinzen sogar um 70 % (siehe Abb. 15).

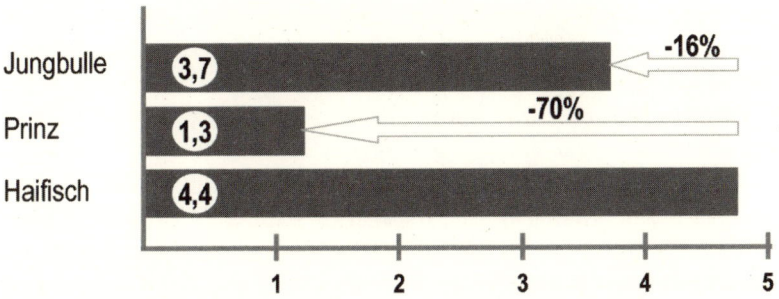

Abbildung 15 – Zwischenbenotung der Strategien in Bezug auf die Akquise

A3. Rüstzeiten

Sie erinnern sich: Hier geht es um die Zeit, die für den Wechsel von einer Affäre auf die nächste benötigt wird. Die Rüstzeit ist nicht zu verwechseln mit einer klassischen Versorgungslücke zwischen zwei Affären, die ihre Ursache in einem nicht vorhandenen Bestand hat. Das Phänomen der Rüstzeiten beschreibt ausschließlich Versorgungslücken, die entstehen, OBWOHL ein Bestand da ist.

Jungbulle: In guten Zeiten hat der Jungbulle meistens mehrere Eisen gleichzeitig im Feuer und damit absolut minimierte Rüstzeiten. Er wird während der Balzphase seine Grundbedürfnisse anderweitig decken. Ist der Bestand hingegen einmal bei null, werden auch bei ihm Rüstzeiten auftreten. Ist endlich eine Neuerwerbung in Sicht, dann bleibt die Küche auf jeden Fall noch so lange kalt, bis die Balzphase erfolgreich zu Ende gebracht ist.

Dennoch: Der Jungbulle hat von allen drei Strategien die wenigsten Mangelzustände durch Rüstzeiten aufzuweisen.

Benotung Rüstzeiten Jungbulle: 4

Prinz: Der Prinz fährt niemals doppelgleisig. Insofern sind Rüstzeiten ohne anderweitige Versorgung bei ihm der Regelfall. Darüber hinaus hat der Prinz zudem bekanntlich einen gewissen Anspruch – ebenso in Bezug auf die Balzphase. Weswegen die Rüstzeiten beim Prinzen auch gerne mal ein bisschen länger ausfallen.

Benotung Rüstzeiten Prinz: 1

Haifisch: Auch der Haifischmann vermeidet Parallelaffären, weswegen bei jedem Affärenwechsel ungedeckte Rüstzeiten entstehen. Allerdings sind diese kürzer als bei den beiden anderen Probanden. Er und das Zielobjekt kennen sich schon mehr oder weniger gut, weil er in der Regel aus seinem gut organisierten passiven Pool rekrutiert. Er startet bei seinen Verführungsbemühungen also nicht bei null, sondern hat die Hälfte bereits erledigt. Insofern: Auch wenn der Haifischmann bei jedem Affärenwechsel ungedeckte Rüstzeiten hat – diese sind in der Regel so kurz, dass sie nicht allzu sehr ins Gewicht fallen.

Benotung Rüstzeiten Haifisch: 3

A4. Zusammenfassung der Einzelfaktoren zur Gesamtnote für das Bedürfnis „Sex"

Wir haben uns nun nacheinander um alle den Bestand beeinflussenden Faktoren gekümmert: Konsum, Akquise und Rüstzeiten. Jetzt können wir uns nun ein recht gutes Bild davon machen, wie die typischen Bestandsverläufe unserer drei Probanden aussehen (siehe Abb. 16).

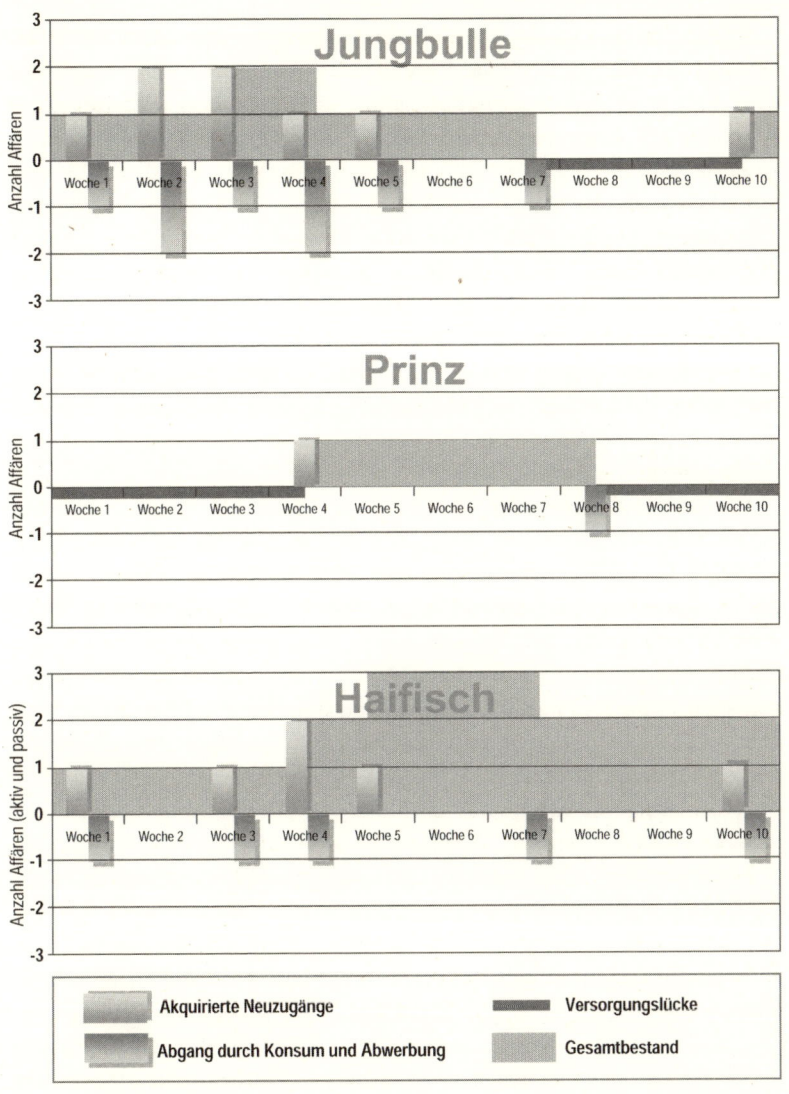

Abbildung 16 – Typischer Bestandsverlauf der betrachteten Strategien

Wir haben nun soweit alle drei den Bestand beeinflussenden Größen bewertet. Jetzt stellt sich natürlich die Frage nach der Gewichtung. Wie stark sollen die einzelnen Faktoren in das Endergebnis mit einfließen? Klarer Fall: Die Rüstzeiten haben im Vergleich zum Konsum und zur Akquise eine eher untergeordnete Rolle, weswegen ich diese nur mit 10 % gewichte. Auch wenn der Konsum gerade in schlechten Zeiten einen wesentlichen Einfluss hat, so ist eine zufriedenstellende Akquise dennoch die Grundbedingung für ein funktionierendes System. Die Akquise wird demzufolge doppelt so stark gewichtet wie der Konsum.

Die Gesamtwertung errechnet sich demnach folgendermaßen:
(Konsumpunkte x 0,3) + (Akquisepunkte x 0,6) + (Rüstzeitpunkte x 0,1)

Jungbulle (Gesamtpunkte 2,9):
Der Jungbulle hat einen in Bezug auf Qualität und Quantität vergleichsweise unsicheren Bestand! Das liegt zum einen an seinem stark schwankenden Akquisepotenzial, zum anderen an seinem enorm hohen Verbrauch! Er wird Zeiten erleben, in denen er ganz oben auf der Welle mitschwimmt und gar nicht weiß, wohin mit den Frauen, die er am Wochenende aufgerissen hat. So kann es ihm eine ganze Weile lang bestens gehen! Er wird sich dann jedoch auch harten Zeiten mit wenigen drittklassigen grauen Entlein gegenübersehen, in denen er nehmen muss, was gerade auf den Tisch kommt.

Selbst der Extremfall einer absoluten Flaute mit einer Null im Bestandszähler über längere Zeiträume ist alles andere als unwahrscheinlich. Wenn während der letzten Jagdausflüge nichts zusammenlief, bleibt die Küche eben kalt und der Jungbulle muss sich in Enthaltsamkeit üben. In solchen Zeiten wird es ihm übel ergehen. Er wird Bekanntschaft machen mit einsamen Abenden in seiner Wohnung. Das Telefon wird nicht klingeln, Selbstzweifel werden ihn quälen und er wird kein Rezept finden, aus diesem Loch wieder herauszukommen. Ergo: Das Grundbedürfnis einer permanenten Versorgung mit jungen Damen einer akzeptablen Qualitätsstufe wird durch die Jungbullenstrategie am wenigsten zufriedenstellend erfüllt!

Prinz (Gesamtpunkte 2,1):

Der Prinz hat ein schweres Leben. Seine Akquise ist zwar qualitativ nicht zu bemängeln, quantitativ aber ist sie unter aller Sau! Nicht nur, dass er ohnehin zu wenige Akquiseversuche vornimmt, er muss bei diesen aufgrund seines meistens unterdurchschnittlichen Akquisepotenzials auch noch übermäßig viele Fehlschläge wegstecken. Ist er denn mal erfolgreich, hat der Prinz dann meist noch mit dem „Blinder-Ritter"-Phänomen zu kämpfen. Um es geradeheraus zu sagen: Ein Prinz weiß nur zu gut, wie sich der Bulle in schlechten Zeiten fühlt! Fazit: Machen Sie es wie der Prinz, und Sie können sicher sein, dass Ihr Grundbedürfnis nach Begleitung durch eine hübsche Dame fast immer unerfüllt bleiben wird – mit allen ruinösen Folgen für Ihr Wohlbefinden!

Haifisch (Gesamtpunkte 4,1):

Die Haifischzahnstrategie sorgt für eine meist blendende mentale Verfassung und sichert den Marktwert nachhaltig. Der Haifischmann akquiriert konstant und auf dem oberen Ende seines individuell möglichen Qualitätslevels. Er wird bei ansonsten gleichen Voraussetzungen langfristig bessere Erfolgsaussichten bei der Akquise haben als jeder Vertreter der beiden anderen Strategien.

Sein intelligenter Ressourcenverbrauch lässt ihn darüber hinaus relativ lange mit den akquirierten Affären auskommen. Im Resultat ist der Bestand des Haifischmanns im direkten Vergleich zu seinen Konkurrenten also sowohl quantitativ als auch qualitativ konstanter und im Durchschnitt höher. Ist ein Proband der Haifischzahnstrategie mit im Spiel, müssen sich der Jungbulle und der Prinz warm anziehen, wenn sie bestandstechnisch am Ende des Tages so glänzend dastehen wollen wie der Hai. Und so wird man den Haifisch immer mit einem strahlenden Lächeln am Rande seines Bestandspools mit vielen leuchtenden Fischlein darin antreffen können.

B. Guter Sex

Die rein quantitative Beurteilung, sprich die Frage, wie viel Sex durch das Verfolgen einer bestimmten Strategie erreicht werden kann, ist bereits im vorhergehenden Abschnitt geschehen. Denn ich gehe davon aus, dass die Existenz einer Affäre auch bedeutet, dass Sie von Zeit zu Zeit Sex haben. Sollte das bei Ihnen aktuell nicht der Fall sein, würde ich Ihnen sehr ans Herz legen, noch einmal ein wenig über Ihre Definition des Wortes „Affäre" nachzudenken!

Was bleibt, ist die qualitative Komponente. Wir beurteilen im Folgenden also lediglich, wie gut der Sex ist, den man bei Verfolgung der jeweiligen Strategie hat – unabhängig davon, wie oft man mit einer Frau im Bett landet.

Um beantworten zu können, welche Strategie zum besten Sex verhilft, muss man sich zunächst einmal die Frage stellen, was guter Sex überhaupt ist. Es gibt jedoch so viele unterschiedliche Ausprägungen der Sexualität, dass eine Katalogisierung im Grunde unmöglich ist. Lassen Sie uns deshalb die Betrachtung einschränken und die Frage in „Was ist guter Sex für einen Mann mit durchschnittlichen Vorlieben?" umformulieren. Die Durchsicht der Notizen in meinem orangefarbenen Büchlein, in dem ich die interessanten Passagen sämtlicher Männergespräche festgehalten hatte, ergab vier unterschiedliche Merkmale für guten Sex:

1) Guter Sex durch eine körperlich attraktive Partnerin:

Je attraktiver die Dame ist, desto mehr Gefallen finden die meisten Männer an Sex. Das sollte jedem einleuchten. Sollte jemand Zweifel haben, dann würde ich ihn bitten, jeweils eine Affäre mit der Verkäuferin der Fleschereitheke des Supermarkts gegenüber und mit der heißen Personal-Trainerin seines Fitnessclubs zu beginnen. Haben Sie bitte mit beiden Sex. Und dann setzen Sie sich in Ruhe bei einem kalten Bier hin und überlegen, an welche der beiden Damen Sie öfter denken. Sollten Sie danach immer noch unsicher sein – legen Sie das Buch einfach beiseite, machen Sie eine Metzgerausbildung und werden Sie glücklich!

Alle anderen werden mir vermutlich zustimmen, dass die Wahrscheinlichkeit für guten Sex umso größer ist, je mehr attraktive Frauen sich im eigenen Bestand wiederfinden.

2) Guter Sex durch den Reiz des Neuen:
Vielleicht kennen Sie das: Sie haben eine süße, unschuldig wirkende Dame kennen gelernt, und sobald Sie mit ihr im Bett gelandet sind, zeigt sie sich auf einmal als nimmersatter Vamp. Die Neugier darauf, wie eine Frau hinter der Fassade aussieht, wie sie sich anfühlt, ist ein Reiz, der Sex interessant macht. Und der schnell verloren geht, sobald man ein paarmal zusammen in der Kiste war. Wer in diesem Sinne guten Sex haben will, muss häufig die Partnerin wechseln.

3) Guter Sex durch gegenseitiges Vertrauen und Vertrautheit:
Wenn Sie Ihre Affäre schon länger kennen, ist der Sex ein anderer als wenn Sie das erste Mal mit ihr im Bett landen. Sie wissen, was ihr gefällt, und, mindestens genauso wichtig: Sie weiß, was Ihnen gefällt! Man vertraut sich mehr als am Anfang und kann sich deswegen eher gehen lassen. Zudem haben sich vielleicht Gefühle füreinander entwickelt, die die Nähe zueinander noch reizvoller werden lassen. Guter Sex in diesem Sinne erfordert Zeit, in der man sich kennen lernen und Vertrauen zueinander aufbauen kann.

4) Guter Sex durch Ausgefallenheit:
Jeden Abend dasselbe zum Dinner – das wird irgendwann langweilig, auch wenn es Ihr Lieblingsessen ist. Man wünscht sich deswegen ein bisschen Abwechslung auf dem Teller, von Zeit zu Zeit auch gerne mal was Exotisches. Das ist beim Sex nicht anders. Der Quickie in der Toilettenkabine einer Diskothek hat deswegen durchaus seinen Reiz, auch wenn er nicht jeden Abend sein muss. Diese Art von gutem Sex hängt jedoch weniger von Ihrem Affärenmanagement ab, als davon, wie kreativ und neugierig Sie beide sind. Insofern lassen Sie uns das letzte Kriterium im Rahmen dieser Untersuchung vernachlässigen.

Sicher ist Ihnen aufgefallen, dass zwei der eben genannten Merkmale für guten Sex gegensätzlich sind. Bei einer hohen Affärenfrequenz habe ich zwar ständig den Reiz des Neuen, aber wenig Kenntnis voneinander und damit wenig Vertrautheit. Bei einer niedrigen Affärenfrequenz ist es genau anders herum. Man kann also mit einer Partnerin niemals alle Kriterien gleichzeitig erfüllen. Das Fazit lautet also:

Den in jeder Hinsicht perfekten Sex gibt es nicht,
denn die Qualitätskriterien schließen sich gegenseitig aus.

Wir können lediglich feststellen, ob eine Verhaltensweise ein bestimmtes Charakteristikum von gutem Sex eher wahrscheinlich oder eher unwahrscheinlich macht. Daher schlage ich zur Bestimmung der Endnote folgendes Vorgehen vor: Wir bewerten jedes der drei Merkmale einzeln und errechnen dann den Durchschnitt. Los geht's!

a) *Jungbulle:* Der Jungbulle zeichnet sich durch seine äußerst hohe Affärenfrequenz aus. Insofern wird er sich, außer in Zeiten der Flaute, über einen Mangel an gutem Sex durch den Reiz des Neuen nicht beschweren müssen (Bewertung 5). Jedoch ist der Jungbulle im Schlafzimmer nicht nur auf Rosen gebettet. Durch seine hohe Affärenfrequenz wird das Entstehen von Vertrauen und Vertrautheit mit seinen Partnerinnen erschwert. Sollte er sich also mal Kuschelsex wünschen, so stößt er eventuell auf Versorgungsprobleme (Bewertung 1). Ebenso ist die Qualität seiner Affären stark schwankend. In schlechten Zeiten, in denen er nicht wählerisch sein kann, macht sich das in der Qualität seiner Gefährtinnen bemerkbar (Bewertung 3).
Benotung Qualität Sex Jungbulle: (5+1+3)/3 = 3

b) *Prinz:* Beim Prinzen ist Sex nicht unbedingt etwas, was er jeden Tag vor und nach den Mahlzeiten genießt. Insofern reden wir hier nur über die seltenen Momente, in denen er in seinem Schlafzimmer aktiv wird. In denen jedoch ist der Prinz rundum glücklich. Die Damen seiner Wahl sind mit Bedacht ausgewählt und bieten deswegen in der Regel auch etwas fürs Auge (Bewertung 5). Da der Prinz sich voll auf seine Herzdame einlässt, wird zwischen den beiden auch eine Vertrautheit entstehen, wenn denn die Knospe der Liebe auf beiden Seiten erblüht (Bewertung 5). Nur am Reiz des Neuen hapert es, denn der Prinz bleibt, wenn er sich denn mal auf eine Partnerin eingeschossen hat, monogam (Bewertung 1).
Benotung Qualität Sex Prinz: (5+5+1)/3 = 3,7

c) Haifisch: Der Haifischmann hat aufgrund seiner Bestandspolitik eine generell sicherere Versorgung mit Sex als die anderen beiden Probanden. Darüber hinaus ist die Attraktivität seiner Gespielinnen aufgrund der im vorherigen Kapitel erörterten Mechanismen im Vergleich zu seinen Konkurrenten konstant hoch (Bewertung 4). Er wird nicht wie der Prinz versuchen, eine Affäre mit dem Brecheisen aufrecht zu erhalten, was ihm häufiger den Genuss von Sex verschafft, der den Reiz des Neuen erfüllt (Bewertung 4). Dennoch wird die Affärenfrequenz sich nicht wie beim Jungbullen immer knapp über der messbaren Grenze bewegen. Also ergibt sich für den Haifischmann häufiger die Gelegenheit zu entspanntem Sex, weil seine Affären von längerer Dauer sind als beim Jungbullen (Bewertung 4). Diese Mischung auf hohem Niveau ist genau das, was den Haifischmann nach einer wundervollen Nacht morgens mit einem Lächeln im Büro auflaufen lässt.

Benotung Qualität Sex Haifisch: $(4+4+4)/3 = 4$

C. Emotionale Nähe und Zuwendung

Fehlt die emotionale Zuwendung im Leben, kann dies sehr unschöne Tiefs verursachen. Diese Downs sind auf der einen Seite durchaus wichtig, weil man ohne emotionale Tiefs auch die Hochs nicht zu schätzen lernt und weil sie uns zu positiven Erneuerungen antreiben, die wir nur anstreben, wenn wir unzufrieden sind. Auf der anderen Seite aber kommen derartige Phasen früher oder später ohnehin auf jeden von uns zu. Insofern sollte man lieber versuchen, sie zu vermeiden. Wie aber macht man das? Was sind überhaupt die Voraussetzungen für emotionale Nähe? Ganz klar: Die erste Grundvoraussetzung ist natürlich, dass überhaupt eine Affäre vorhanden ist. Wer nicht in unser Leben tritt, kann uns auch keine Streicheleinheiten geben. Darüber hinaus erfordert emotionale Nähe ein gewisses Minimum an Vertrauen und gegenseitigem Verständnis. Und das erfordert neben der notwendigen gegenseitigen Sympathie schlicht und ergreifend Zeit, die man miteinander verbringt. Erst wenn man einander kennen lernt, wird es möglich, sich dem anderen nahe zu fühlen. Erst wenn Sie eine Frau besser kennen, können Sie ihr so weit vertrauen, dass Sie vor ihr die Deckung fallen lassen und einfach entspannen können. Aber bevor Sie in Gegenwart der Dame Schwäche zeigen, sollten Sie ihr auch Ihre Stärken bewiesen haben. Ansonsten gefährden Sie grundlegend Ihre Affäre, weil die Frau denken könnte, Sie seien ein Weichei.

Der Faktor Zeit ist also wichtig zur Entstehung von Nähe. Darüber hinaus ist Offenheit und Ehrlichkeit erforderlich. Wenn Sie nicht mit einer gewissen Offenheit auch persönliche Dinge über sich erzählen, können Sie so viel Zeit miteinander verbringen, wie sie wollen – Sie werden sich nie besser kennen lernen. Je offener Sie beide sind bzw. je mehr Sie von sich preisgeben, desto schneller können Sie einander kennen lernen und desto eher wird ein Gefühl von Nähe entstehen. Und das ist die Basis, auf der das Vertrauen zwischen Ihnen und Ihrer Affäre wachsen kann. Innerhalb der Grenzen, in denen Ihre Affäre das Gefühl hat, sich auf Sie verlassen zu können, haben im Gegenzug auch Sie eine gute Chance, sich auf sie verlassen zu können.

Lügen behindern dabei die Annäherung. Spüren Frauen, dass Sie lügen, werden sie berechtigterweise misstrauisch und öffnen sich Ihnen nicht. Im Gegensatz zu uns Männern können Frauen Lügen förmlich riechen – häufig sogar dann, wenn man nicht einmal gelogen hat. Seien Sie also offen und ehrlich zu Ihrer Affäre, dann ist die Chance groß, dass Sie in harten Zeiten einen zauberhaften Akku haben, an dem Sie sich wieder aufladen können.

Jungbulle:

Den Jungbullen interessiert nur eines: Möglichst schnell die Nächste auf die Hörner zu nehmen. Ehrlichkeit ist dafür nicht immer der effizienteste Weg. Hauptsache die Kerbe kann in den Bettpfosten gehauen werden. Seinen Affären fällt es schwer, ihm zu vertrauen – und zwar aus gutem Grund. Er hinterlässt eine veritable Sammlung gebrochener Mädchenherzen, betrübter Gesichter und wütender Furien am Wegesrand. Und wie man in den Wald hineinruft, so schallt es bekanntlich auch heraus. Der Jungbulle wird mit seinen Damen ein Minimum an emotionaler Nähe verspüren. Und nur in Ausnahmefällen wird sich eine Ex-Affäre freuen, ihn wiederzusehen. In schlechten Zeiten steht der Bulle aufgrund seines verschwenderischen Umgangs mit den Ressourcen sehr schnell alleine auf der Weide und beklagt seine Einsamkeit. Er wird genau wissen, wie es sich anfühlt, sich nach einem einsamen Sonntagabend am Montagmorgen wieder für fünf Tage vor den Job-Pflug spannen lassen zu müssen, ohne dass auch nur irgendeine Dame an ihn denkt.

Benotung emotionale Nähe Jungbulle: 1

Prinz:

Der Prinz ist in der Regel ohne aktuelle Liebschaft. Aus diesem Grund ist bei ihm emotionaler Rückhalt durch eine Affäre generell dünn gesät. Hat er aber seine Prinzessin gefunden, hat er zu ihr – verglichen mit den zwei anderen Probanden und ihren Affären – das engste Verhältnis. Seine Prinzessin kann sich absolut auf seine Ehrlichkeit, seine Offenheit und die Konstanz seiner Gefühle verlassen, denn er will sie ja nach Möglichkeit für immer in sein Traumschloss entführen. Sie weiß, er will nur sie und hat keinerlei Augen für die Schönheiten anderer Königreiche. Das sorgt sehr schnell für ein inniges Verhältnis, so dass der Prinz während der gemeinsamen Zeit maximale emotionale Unterstützung erfährt. Auch nach Beendigung der Affäre/der Beziehung besteht eine gute Chance, dass sich das ehemalige Traumpaar noch gut versteht. Weswegen der Prinz in seinen dominierenden dunklen und einsamen Zeiten zumindest mit der Unterstützung durch den Club der Ehemaligen rechnen kann – wenn auch nicht mit der wesentlich effektiveren Aufheiterung durch ein kleines Abenteuer.

Benotung emotionale Nähe Prinz: 3

Haifisch:

Der Haifischmann ist gegenüber seinen Affären ehrlich und offen – vor, während und nach der Affäre. Innerhalb gewisser Grenzen kann sein aktiver Zahn sich auf ihn verlassen – hat sie Probleme oder geht es ihr schlecht, ist er für sie da. Das macht es wahrscheinlich, dass auch er auf ihre emotionale Unterstützung zählen kann, wenn es ihm mal nicht so gut geht. Allerdings wird die Frau genau wie er auch weiterhin die Augen nach anderen, potenziellen Partnern offen halten. Und wenn sein emotionales Tief zu lange dauert, wird sie das Schiff früher oder später verlassen, wenn der Mann keine Beziehung mit ihr eingehen will. Es gibt also ein Limit an emotionalem Support aus der aktuellen Affäre.

Was bleibt dem Haifischmann also? Nun, er wird sich aus seinem passiven Pool bedienen können, um seine Laune wieder zu heben. Und selbst wenn dieser leer gefischt sein sollte und die Neuakquise sich aufgrund der schlechten mentalen Verfassung schwierig gestaltet, steht er nicht ganz alleine da: Aufgrund seiner vorbildlichen Affärennachpflege sind ihm die Frauen, die ihm wirklich etwas bedeutet haben, immer noch wohl gesinnt, und so kann er sich in Notfällen für ein paar seelische Streicheleinheiten auch zum Dinner mit einer Verflossenen treffen.

Auf diese Weise kann sich der Haifischmann eine ganze Weile über Wasser halten. Selbst ein schwerwiegendes Tief, an dem ein Jungbulle sehr zu knabbern hätte und eventuell sogar in die Gefahr einer Zweckbeziehung geraten würde, kann er so mit genug Zuwendung überbrücken. Und auch wenn seine Affären nicht dieselbe Tiefe besitzen wie die des Prinzen – so wird er im Gegensatz zu diesem doch nur in Einzelfällen ganz ohne jemanden zum Kuscheln dastehen. Der Haifischmann hat also jederzeit einen guten Start in die Woche, weil eine Dame mit einem Lächeln an ihn denkt.

Benotung emotionale Nähe Haifisch: 4

D. Minimaler emotionaler Stress

Im Grunde hat jeder von uns ein schlechtes Gewissen, wenn er seine Affären belügt oder emotional verletzt. Tun wir es trotzdem, quält uns der weiche Kern, den die meisten von uns unter ihrer harten Schale tragen: das schlechte Gewissen. Und das kann einem schon mal das Leben schwer machen.

Nun mag es unter uns einige geben, denen es nichts ausmacht, unschuldige Damen zu belügen. Diese gehen selbstredend etwas leichter durchs Leben und vielleicht habe ich ein antiquiertes Männerbild. Aber können Sie sich an einen Helden aus Ihren alten Abenteuerbüchern erinnern, der durch Lügen bei einer schönen Frau ans Ziel kam? Ich nicht! Echte Kerle tun so etwas nicht. Das waren immer nur die verschlagenen Intriganten.

Auch wenn wir uns aufgrund unseres Triebs alle schon mehr oder weniger häufig in Situationen wiedergefunden haben, in denen wir Frauen wehgetan oder sie belogen haben – der durchschnittliche Mann wird Lügen als falsch und hinterlistig empfinden und es nicht gerne tun. Das gilt für den Prinzen ebenso wie für den Jungbullen.

Wir hatten bereits festgestellt, dass es in dieser Untersuchung um den Mann mit durchschnittlichen Charaktereigenschaften gehen soll. Insofern möchte ich den Mann ohne Gewissen aus Gründen der Extraordinarität ausklammern.

Wir waren also beim schlechten Gewissen, das wir empfinden, wenn wir eine Frau belügen müssen. Wann tritt dieser Fall ein? Haben Sie eine einzige Affäre mit klaren Verhältnissen, ergibt sich die Notwendigkeit zur Lüge erst gar nicht. Sie haben nichts zu verstecken und würden aus einer Lüge keinerlei Nutzen ziehen. Anders sieht das bei durchaus anspruchsvoller Aufrechterhaltung mehrerer gleichzeitiger Affären aus. Nur die wenigsten hochklassigen Damen akzeptieren es, eine unter vielen zu sein. Die Option, einfach offen zu erzählen, dass man mehrere Affären hat, ist also keine wirkliche, sondern führt in der Regel zum Totalverlust.

Insofern bleibt als Alternative nur das Verschweigen der anderen Affären. Das steigert sich ganz leicht zu aktiven Verdunkelungsmaßnahmen, sprich, der Lüge. Oder würden Sie Susanne, wenn sie fragt, was Sie gestern so getrieben haben, erzählen, dass Sie in der Tat etwas getrieben haben – aber nicht mit ihr? So etwas ist unschön, und wenn Sie die Karten dann doch auf den Tisch legen, das Ende jeder kleinen Romanze. Wollen Sie dagegen den Deckel auf der Sache halten, müssen Sie eine Lüge auftischen, mit der Sie sich noch tiefer reinreiten, um Ihr Verhalten zu verheimlichen. Ihr ohnehin schon schlechtes Gewissen wird sich danach noch mehr in den Vordergrund Ihres Denkens drängeln und Ihnen den Tag versauen. Und dies umso stärker, je mehr Sie Angst haben müssen, entdeckt zu werden.

Denken Sie an folgende Situation: Sie sind mit Annette in der City shoppen und wähnen sich ständig in der Gefahr, Susanne zu treffen, deren Leben zu 50 % aus Shopping besteht und mit der Sie parallel was laufen haben. Déjà-vu? Nun, dann wissen Sie: So etwas ist kein Genuss, sondern Stress pur.

Nehmen wir an, Sie sind allein mit einer der beiden Affären bei einem Schäferstündchen. Obwohl die Wahrscheinlichkeit sicherlich gering ist, dass Ihre Zweitaffäre plötzlich auftaucht, müssen Sie dennoch permanent aufpassen, sich nicht mit einem falschen Satz zu verraten. Und da wir Männer uns nur auf eine Sache zur Zeit konzentrieren können, werden Sie damit vom eigentlichen Zweck des Schäferstündchens abgelenkt.

Um es auf den Punkt zu bringen: In allen oben beschriebenen Fällen macht es die Anspannung schwer, sich fallen zu lassen und die Situation voll zu genießen. Hätten Sie keine Gewissenbisse, könnten Sie sich bei minimalem emotionalem Stress maximal gehenlassen.

Jungbulle:

Der Jungbulle wird in seiner blinden Paarungswut alle bereitwilligen Damen um sich herum versammeln, die er auftun kann. Parallelaffären inklusive der in den meisten Fällen nötigen Vertuschungsmaßnahmen sind deswegen sein täglich Brot. Ebenso wird er einer Frau ohne nachzudenken all das ins Ohr säuseln, was nötig ist, damit sie in Wallung gerät. Der Jungbulle muss deswegen permanent bei diversen Frauen mit verschiedenen Storylines jonglieren. Und läuft dadurch bei jedem Gang durchs Gehege Gefahr, dass seine Deckung auffliegt und er plötzlich für seine Lügen zur Rechenschaft gezogen wird. Ein schlechtes Gewissen und die Angst, sich zu verraten, sind seine ständigen Begleiter, weswegen er von allen drei Strategietypen unter dem größten Stress steht. Allerdings steht er seinen Affären von allen Probanden auch am wenigsten nah. Insofern verursacht es bei ihm vergleichsweise wenig Gewissensbisse, einer Affäre wehzutun.

***Benotung emotionaler Stress Jungbulle:* 2**

Prinz:

Dem Prinzen ist die Lüge ein Fremdwort. Ehrlichkeit ist eines der sieben Gelübde, die er beim Ritterschlag abgelegt hat, insofern würde ihm bei keiner Dame je ein falsches Wort über die Lippen kommen. Schon gar nicht gegenüber seiner Prinzessin. Abgesehen davon ergibt sich für ihn gar nicht die Notwendigkeit, einer Frau Geschichten aufzutischen, weil sie seine alleinige Herzdame ist und er keine anderweitigen amourösen Aktivitäten verstecken muss. Unser lieber Prinz ist also quasi frei von emotionalem Stress, der aus Lügen und einem daraus resultierenden schlechten Gewissen entsteht. Allerdings haben Prinzen unter einer anderen Art emotionalem Stress zu leiden: Da der Prinz in der Regel ernstere Absichten hat und immer alles auf eine Karte – also eine Affäre – setzt, begibt er sich in eine emotionale Abhängigkeit. Dies führt oft zum „Blinder-Ritter"-Syndrom und damit zu Verlustängsten.

Benotung emotionaler Stress Prinz: 4

Haifisch:
Der Haifischmann hat wie der Prinz keine amourösen Alternativen zu verstecken. Er akquiriert passive Zähne zwar parallel zu seiner momentanen Affäre, bewegt sich jedoch meistens unterhalb des Beschwerdelevels. Dennoch ist dies ein kritischer Punkt, der auch anstrengend werden kann. Zwei Hürden tun sich auf: Zum einen muss er seine momentane Flamme über die Aktivitäten auf der passiven Seite aufklären. Zum anderen – weit weniger kompliziert – seine passiven Affären über seine momentane Gebundenheit in Kenntnis setzen. Hat er das geschafft, ist sein Affärenleben relativ frei von Stress. Er kann offen und ehrlich nach allen Seiten agieren und sich überall entspannt bewegen. Hat er sich allerdings bisher noch vor klärenden Gesprächen gedrückt, kann das Stresslevel ansteigen, wenn sich aktive und passive Affären begegnen. Solche Situationen erfordern dann durchaus Fingerspitzengefühl, allerdings gibt es beim Haifischmann im Gegensatz zum Jungbullen nichts, was man ihm wirklich vorwerfen könnte. Das befreit den Haifischmann vom Zwang, bereits geäußerte Flunkereien durch Nachfolgelügen decken zu müssen. Ergo: Spätestens wenn der Haifischmann die nötigen Gespräche geführt hat, kann er seine romantischen Stelldicheins unter der rosa Koralle genießen oder im ganzen Riff Runden mit seinem Lieblingsfischchen drehen, ohne ständig auf seine Wortwahl achten oder ungelegene Begegnungen befürchten zu müssen.

Benotung emotionaler Stress Haifisch: 3

E. Abwechslung im Menüplan

Während maximale Abwechslung für etwas erfahrenere Männer nicht wirklich viel hergibt, macht ein ständig wechselndes Menü, das jedes Mal neuen Thrill gibt und das Selbstwertgefühl hebt, für jüngere Männer durchaus Sinn. Nur so können sie sich die Hörner abstoßen und den eigenen Platz in der Herde finden – auch wenn das unter Umständen mehr Stress und Aufwand bedeutet.

Jungbulle:

Da der Jungbulle sich auf alles stürzt, was nicht rechtzeitig die Flucht ergreift, ist seine Affärenfrequenz von allen drei Probanden am höchsten. Er wird außerdem die größte Bandbreite an Frauen kennen lernen, von ganz oben bis ganz unten. Seine Abwechslung ist somit absolut maximal.

Benotung Abwechslung Jungbulle: 5

Prinz:

Für den Prinzen ist Abwechslung ein Fremdwort. Seine Affärenfrequenz ist in sportlicher Hinsicht ein Schlag ins Gesicht. Er akquiriert kaum Frauen und hat deswegen auch fast keinen Durchlauf. Und selbst wenn er mal zuschlägt, wird es in der Regel ein ganz bestimmter Typ Frau sein, nämlich der, der seiner Traumfrau möglichst nahekommt. Sollten Sie also die Prinzenstrategie verfolgen, hoffen Sie nicht auf viel Abwechslung!

Benotung Abwechslung Prinz: 1

Haifisch:

Der Haifischmann hat keine Parallelaffären, was sich gegenüber dem Jungbullen in einer verminderten Affärenfrequenz niederschlägt. Dennoch wird man ihn in gewissen Abständen immer mal wieder mit einer Neuen im Arm sehen. Insofern ist der Grad der Abwechslung, den er genießt, zwar nicht maximal, aber dennoch zufriedenstellend.

Benotung Abwechslung Haifisch: 3

F. Effizienter Aufwandseinsatz

Lassen Sie uns zu guter Letzt auch einen Blick auf die Effizienz der einzelnen Strategien werfen. Worin können Ineffizienzen im Affärenmanagement begründet sein? Zum Beispiel darin, dass ein weibliches Wesen einen individuell unterschiedlichen Mindestaufwand erfordert, bis es zur Befriedigung Ihrer Bedürfnisse an Sex und Streicheleinheiten bereit ist. Haben Sie die Dame dann endlich so weit, müssen Sie weiterhin ständig Zeit in Pflegemaßnahmen investieren, denn nur zumindest einigermaßen zufriedene Affären verhalten sich auch weiterhin kooperativ. Typische Fälle einer Pflegemaßnahme: Die Freundin Ihrer Affäre hat Geburtstag, und Ihre Liebste will, dass Sie sie begleiten – Sie möchten aber eigentlich mit den Jungs zum Training und danach auf ein kurzes Bier gehen. Wenn danach noch ein Bettwärmer da wäre, okay – aber diese Geburtstagsparty müsste Ihrer Meinung nach echt nicht sein! Oder Sie müssen Samstagmorgen nach einer nächtlichen Tour durch die Gemeinde raus und mit ihr shoppen gehen, obwohl Sie einen ordentlichen Schädel haben. Oder mit ihr den neuen Film mit Hugh Grant anschauen … – na ja, Sie wissen, was ich meine.

Hat man solche Augen-zu-und-durch-Dinge jedoch auf sich genommen und die Dame ist gnädig gestimmt, fängt das gute Leben an. Sei es, dass Sie nach diversen Bieren mit Ihren Jungs noch einmal bei ihr vorbeischauen können, oder sei es ein ruhiger gemeinsamer Abend mit ein paar seelischen Streicheleinheiten, Videogucken, Pizza und Nachtisch im Bett, kurz: Genuss und Entspannung.

Die Krux ist nun, dass Sie mit einer steigenden Anzahl an gleichzeitigen Affären entsprechend mehr Zeit für die Pflege derselben erbringen müssen. Ebenso steigt der Akquiseaufwand bei wachsender Affärenfrequenz, denn jede Neueroberung kostet Zeit. Treibt man dies auf die Spitze, kann der Aufwand einen derart großen Teil Ihrer Gesamtzeit einnehmen, dass Sie neben Ihrem Job und anderen Notwendigkeiten eventuell gar nicht mehr dazu kommen, die Früchte Ihrer Akquisetätigkeit ausgiebig zu genießen. Wir könnten noch lange darüber reden – aber um zu Potte zu kommen, lassen Sie uns jetzt versuchen, das Ganze in harten Zahlen auszudrücken.

Der Indikator für Effizienz ist das Verhältnis von Aufwand und Nutzen. Wir müssen also, um die jeweilige Effizienz der Strategien vergleichen zu können, erst einmal Aufwand und Nutzen bestimmen.

Wenden wir uns zunächst dem Aufwand zu. Um überhaupt zu einer Berechnung desselben zu kommen, müssen wir den Sachverhalt ein wenig vereinfachen. Nehmen wir an, dass die Akquise jeder Affäre denselben Zeitaufwand erfordert, wobei wir unter *Akquiseaufwand* die Zeit vom ersten Kennenlernen bis zum ersten Sex verstehen. In der Realität ist dies zwar von Frau zu Frau höchst unterschiedlich, zur Berechnung ist ein Durchschnittswert aber allemal ausreichend. Lassen Sie uns hier zwei Tage pro Affäre[42] annehmen, sprich, dass Sie beim durchschnittlich zweiten Treffen zum ersten Mal mit ihr im Bett landen (One-Night-Stands sind im Durchschnittswert enthalten).

Weiterhin hatten wir gesagt, dass ein gewisser *Pflegeaufwand* erforderlich ist, um die Dame bei Laune zu halten. Nehmen wir hierfür einen Wert von einem Tag pro Woche an. In der ersten Woche der Affäre fällt kein Pflegeaufwand an, weil Sie die Pflege durch die Akquisetage bereits erledigt haben. Zusammenfassend bestehen also unsere Aufwandstage aus Akquise- und Pflegetagen. Um das Berechnungsmodell noch ein wenig besser der Realität anzupassen, sollten wir zwei weitere kleine Verfeinerungen vornehmen:

a) Nicht alle Wochentage bieten gleich viel Freizeit. Während uns unter der Woche in der Regel nur der Abend zur Verfügung steht, haben wir am Wochenende auch tagsüber frei. Realistisch betrachtet, rechnen wir also nicht in Tagen, sondern in Zeiteinheiten und zählen freie Tage (Samstag, Sonntag) einfach doppelt. Eine Woche entspricht demnach neun Zeiteinheiten.

b) Vier Zeiteinheiten die Woche brauchen wir Männer für andere Dinge, z. B. um mit den Jungs ein Bier zu trinken, zum Sport zu gehen, einfach mal zu entspannen oder auch unerfreulichere Dinge wie lange Arbeitstage oder Geschäftsessen. Es stehen also nur fünf Zeiteinheiten die Woche zur freien Verfügung.

So viel zum Aufwand – kommen wir nun zu Ihrem Nutzen. Hier lassen sich zwei verschiedene Arten unterscheiden: Qualitätstage und Sextage. Unter **Qualitätstagen** versteht man Folgendes: Sie sind mit Ihrer Affäre über die Akquisephase hinaus und kennen sich schon ein wenig. Sie können deswegen bei ihr ganz entspannt sein und die Zeit mit ihr genießen. Ein glücklich verbrachter Qualitätstag lässt Sie am nächsten Morgen also mit einem zufriedenen Lächeln aufstehen. Bezüglich der Pflegetage machen wir folgenden Kompromiss: Pflegetage werden in manchen Fällen zwar ein bisschen anstrengend sein (z. B. wenn Sie sich ihr zuliebe irgendeine Romantikschnulze im Kino antun), sind aber in der Regel dennoch angenehm. Deswegen zählen wir Pflegetage als halben Qualitätstag.

Die Anzahl der Qualitätszeiteinheiten ergibt sich nun ganz einfach aus der Annahme, dass Sie sich immer, wenn Sie sonst nichts vorhaben, einen Qualitätstag gönnen. Wir ziehen also von den gesamt verfügbaren Zeiteinheiten (neun) die anderweitig verwendeten Zeiteinheiten (vier) sowie Akquise- und die Hälfte der Pflegetage ab.

Damit haben wir sowohl den Aufwand als auch den Nutzen bestimmt. Wir können jetzt das Verhältnis der beiden berechnen und bekommen so einen Indikator für die Effizienz in puncto Qualitätstage:

Effizienz für Qualitätstage = Aufwandstage/Qualitätstage:
[Akquisetage + Pflegetage] / [9 ZE – 4 ZE – Akquisetage – (0,5 x Pflegetage)]

Zum anderen besteht Ihr Nutzen natürlich in Sex. **Sextage** sind zum einen die Qualitätstage. In der Regel werden Sie aber auch am Pflegetag Sex haben. Ebenso wie am zweiten Akquisetag. Die Tage mit Sex ergeben sich also aus den verfügbaren neun Zeiteinheiten abzüglich der vier anderweitig verwendeten Zeiteinheiten sowie der Hälfte der Akquisetage.

---

42 Der genaue Durchschnittswert ist 2,1, der einstimmig sowohl von Frauen als auch Männern angegeben wurde. (Frage: „Angenommen, Sie tauschen mit einem Mann [einer Frau] Telefonnummern aus und treffen sich. Beim wievielten Treffen haben Sie durchschnittlich zum ersten Mal Sex [das beinhaltet Petting]?") [Quelle: Umfrage Trend Research]

In einer Formel ausgedrückt:

Effizienz für Sextage = Aufwandstage / Sextage:
[Akquisetage + Pflegetage] / [9 ZE – 4 ZE – (0,5 x Akquisetage) – Pflegetage]

Mit diesem Modell sollte es möglich sein, die Effizienz der einzelnen Strategien zumindest grob einzuschätzen. Wir werden nun für jeden der drei Probanden eine typische Affärenkonstellation bzw. -verteilung annehmen, das Ganze über einen Zeitraum von sechs Monaten betrachten und dann die beiden Effizienzindikatoren berechnen. Ein Monat wird dabei mit vier Wochen und dementsprechend 9 x 4 = 36 Zeiteinheiten eingerechnet. Die Berechnungstabellen dazu finden Sie im Anhang.

Jungbulle

Für den Jungbullen nehmen wir folgende typische Affärenverteilung an:

- Affärenlänge drei Wochen
- Zeiten mit hohem Überschuss und Zeiten des Mangels

Daraus ergibt sich die folgende Affärenverteilung (siehe Abb. 17, genaue Affärenverteilung und -berechnung im Anhang)

- Effizienz Qualitätstage = 0,71 Aufwandstage pro Qualitätstag
- Effizienz Sextage = 0,53 Aufwandstage pro Sextag

Der Jungbulle hat damit das am wenigsten effiziente Affärenmanagement.
Benotung Effizienz Jungbulle: 1

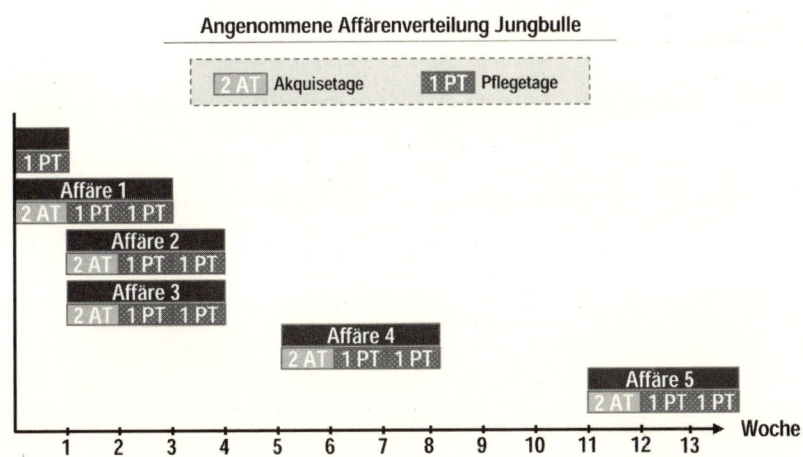

Abbildung 17 – Affärenverteilung Jungbulle

Prinz

Für den Prinzen nehmen wir folgende typische Affärenverteilung an:

- eine Neuakquise jedes halbe Jahr
- Affärenlänge drei Monate
- In den übrigen Monaten keine Affäre und damit weder Qualitäts- noch Sextage

Daraus ergibt sich die folgende Affärenverteilung (siehe Abb. 18, genaue Affärenverteilung und -berechnung im Anhang)

- Effizienz Qualitätstage = 0,24 Aufwandstage pro Qualitätstag
- Effizienz Sextage = 0,22 Aufwandstage pro Sextag

Der Prinz hat damit zwar die bei weitem geringste absolute Anzahl an Qualitäts- und Sextagen, aber das effizienteste Affärenmanagement, da er extrem wenig Aufwand treiben muss.

Benotung Effizienz Prinz: 5

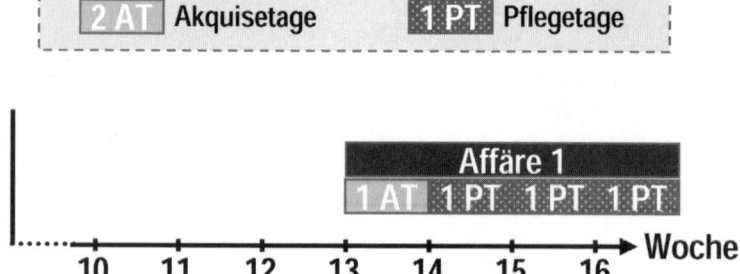

Abbildung 18 – Affärenverteilung Prinz

Haifisch

Für den Haifischmann nehmen wir folgende typische Affärenverteilung an:

- Die Aktivierung eines passiven Zahns alle sechs Wochen
- Aktivierungsaufwand nur einen Tag, da durch die passiven Pflege-maßnahmen bereits eine etwas tiefere Bekanntschaft vorhanden ist
- Der Tag des Aktivierens entspricht dem zweiten Akquisetag bei den anderen Strategien. Das heißt, der Haifischmann hat am Tag der Aktivierung Sex.
- Im Durchschnitt drei passive Affären. Pflegeaufwand pro passive Affäre jeweils zwei halbe Zeiteinheiten pro Monat (vereinfacht angenommen eine ZE pro Monat). Das entspricht einem Gesamt-zeitaufwand für alle passiven Affären von drei ZE alle vier Wochen. Pflegetage bei passiven Affären gelten weder als Qualitäts- noch als Sextag.

Daraus ergibt sich die folgende Affärenverteilung (siehe Abb. 19, genaue Affärenverteilung und -berechnung im Anhang)

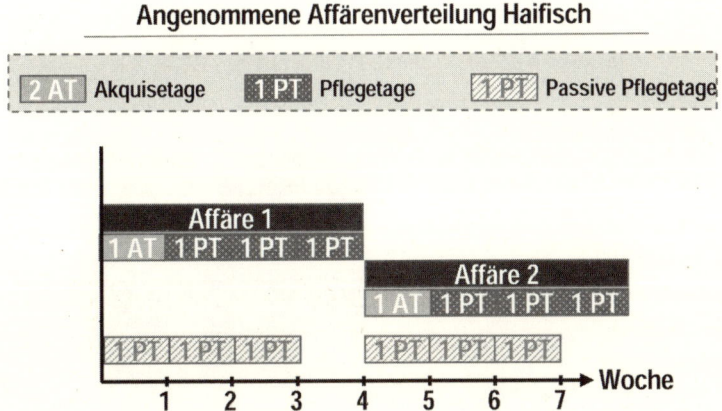

Abbildung 19 – Affärenverteilung Haifischmann

- Effizienz Qualitätstage = 0,47 Aufwandstage pro Qualitätstag
- Effizienz Sextage = 0,41 Aufwandstage pro Sextag

Die Effizienz des Haifischmannes liegt damit zwischen der des Jungbullen und des Prinzen.
Benotung Effizienz Haifisch: 3

G. Die optimale Strategie für Sie

So! Nun haben wir uns mit viel Geduld und Spucke durchgekämpft und für alle Strategien pro Bedürfnis Punkte verteilt (siehe Abb. 20). Der nächste Schritt für Sie ist nun, sich das Berechnungsmodell aus dem Internet herunterzuladen, meine Bewertungen dort ggf. noch einmal Ihrem Ermessen gemäß zu korrigieren und Ihre individuellen Gewichtungen einzutragen. Das Tool wird Ihnen dann die entsprechenden Punktzahlen automatisch berechnen, so dass Sie Ihre optimale Strategie einfach ablesen können.

Dennoch möchte ich diese Untersuchung natürlich mit einem Ergebnis beenden, das für die meisten von uns Gültigkeit besitzt. Ich habe deswegen die Berechnung mit den in der Umfrage ermittelten durchschnittlichen Präferenzen (bzw. Gewichtungsfaktoren) durchgeführt. Schauen

	Jungbulle	Prinz	Haifisch
Sex	2,9	2,1	4,1
Guter Sex	3,0	3,7	4,0
Emotionale Nähe und Zuwendung	1	3	4
Emotionaler Stress	2	4	3
Abwechslung	5	1	3
Effizienz	1	5	3

Abbildung 20 – Übersicht über die Benotungen der Strategien in Bezug auf die Bedürfnisse

wir uns das Ergebnis in dieser Konstellation einmal an (siehe Abb. 21).

Das Ergebnis ist relativ klar: Die Haifischzahnstrategie stellt für die meisten von uns die optimale Vorgehensweise dar, bei sehr extremen Präferenzen können jedoch auch die beiden anderen Strategien optimal sein. Sollte man die Faktoren geringen Aufwand und geringen emotionalen Stress als die wichtigsten erachten, so kann unter Umständen die Prin-

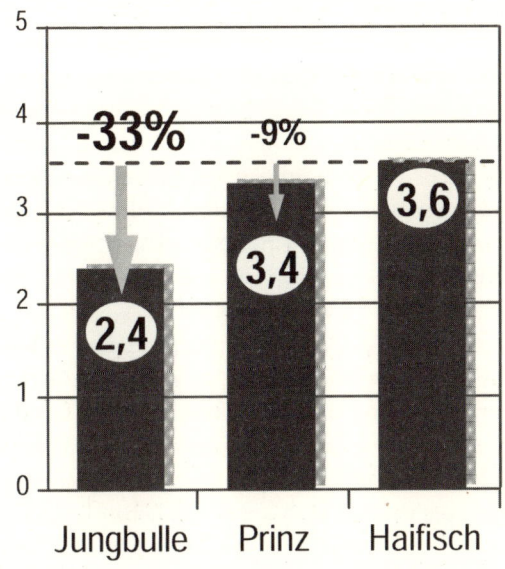

Abbildung 21 – Berechnung der Gesamtbenotungen der Strategien auf Basis von Durchschnittspräferenzen

zenstrategie ein geringfügig besseres Ergebnis aufweisen. Dies kann z. B. in Zeiten extremer beruflicher Belastung der Fall sein.

Ein anderer Fall sind Männer, die sich noch kein klares Bild ihrer Anziehungskraft auf Frauen machen können. Diese erachten eventuell die

Bestätigung der eigenen Männlichkeit und damit die Abwechslung als äußerst wichtig, was in Extremfällen dazu führen kann, dass die Jungbullenstrategie besser abschneidet. So werden viele junge Männer zunächst einmal die Jungbullenstrategie wählen, auch wenn die Haifischzahnstrategie rein rechnerisch die optimale Strategie ware. Denn manche Dinge kann man zwar intellektuell verstehen, aber um auch nach deren Maxime zu handeln, muss man erst seine eigenen Erfahrungen gesammelt haben. Zum Beispiel einer Frau gegenüberzustehen, die einem Vorwürfe macht, denen man eigentlich nur zustimmen kann. Die Wut oder die Verachtung zu spüren, die einem in einer solchen Situation entgegenschlägt. Sich einsam zu fühlen oder am eigenen schlechten Gewissen zu knabbern. Oder die Zeiten, in denen man sich etwas mehr als das oberflächliche Spielchen wünscht, was man seit Monaten, wenn nicht sogar seit Jahren treibt. Irgendwann wird sich jeder Mann ausgelebt haben und eine weitere Kerbe im Bettpfosten und die absolute Freiheit der Single-Zeit als nicht mehr so bedeutsam empfinden. Und dann wird ein Verfolgen der Haifischzahnstrategie nicht nur auf dem Papier, sondern auch aufgrund des eigenen Bauchgefühls sinnvoll.

Soweit die Theorie – diejenigen unter Ihnen, die sich ihre Jungbullenhörner schon ein bisschen abgestoßen haben, stehen jetzt vielleicht ungeduldig in den Startlöchern und möchten am liebsten gleich raus und die Sache in der Praxis testen. Aber: gemach, gemach (denken Sie an Vater Bulle). Denn leider ist es mit der Haifischzahnstrategie wie mit den meisten Dingen: Auf dem Papier sieht alles ganz einfach aus – das Leben ist jedoch meist ungleich komplizierter, und erst im Feldversuch zeigen sich dann noch weitere, ungeahnte Schwierigkeiten. Und mit diesen will ich Sie natürlich nicht alleine lassen. Deswegen: Bevor Sie überstürzt in etwas hineinstolpern und damit auf die Nase fallen, lesen Sie bitte erst noch den folgenden Teil: „Die Haifischzahnstrategie für Profis".

Teil 5: Die Haifischzahnstrategie für Profis

Die Verhaltensregeln der Haifischzahnstrategie erscheinen Ihnen vielleicht so einfach wie das Öffnen einer Bierflasche. Aber wie sooft im Leben liegt auch hier der Teufel im Detail. Es wird immer wieder Probleme geben, an die Sie vorher nie gedacht haben. Aber seien Sie unbesorgt: Auch für Details gibt es Lösungen. Und ein paar der wichtigsten Stolperfallen möchte ich Ihnen nun präsentieren.

A. Zahnschmerzen – Handling von Verstößen gegen die temporäre Treue

Wir sind alle nur Männer. Deswegen kann es passieren, dass wir uns in einem schwachen Moment entgegen aller haifischzahnstrategischen Empfehlungen plötzlich in einer wilden Knutscherei oder einer noch weit verfänglicheren Situation mit einer anderen Dame wiederfinden – obwohl wir eigentlich gerade eine aktive Affäre haben. Mit anderen Worten: ein klarer Verstoß gegen die Regeln!

Das Wichtigste ist nun: Schlafen Sie eine Nacht drüber. Dann überlegen Sie ganz in Ruhe, ob die Sache vom Vorabend wirklich interessanter war als Ihre jetzige Affäre. Sind Sie sich nicht mehr sicher, wie die Dame überhaupt aussah, dann tun Sie sich den Gefallen und überprüfen Sie dies vielleicht bei einem Treffen – möglichst zeitnah und dieses Mal nüchtern. Sollten Sie dann immer noch der Meinung sein, die neue Bekanntschaft könnte im Vergleich zu Ihrer aktiven Affäre die bessere Alternative sein, ist die Sache relativ einfach: Leiten Sie den Zahnwechsel ein und fertig.

Sollten Sie jedoch erst im Nachhinein merken, dass Sie aufs falsche Pferd gesetzt haben, stehen Sie vor einem Problem. Und dieses lässt sich nicht so einfach lösen. Aber: Sie haben sich den Kram selbst eingebrockt, jetzt müssen Sie die Suppe auch auslöffeln. Sie haben nun verschiedene mögliche Szenarien zur (nicht ganz freien) Auswahl:

Möglichkeit 1: Sie cleverer Hund haben sich an einem Ort auf Freiersfüße begeben, bei dem Ihre Perle davon nichts mitbekommt. Falls Sie ohnehin denken, dass sie Ihnen den Fehltritt verzeihen wird, erzählen Sie ihr, was passiert ist, und versuchen Sie, sie wieder gnädig zu stimmen. Sollten Sie das schaffen (herzlichen Glückwunsch – schreiben Sie bitte ein Buch darüber und schicken Sie mir ein Exemplar!), haben Sie zumindest die Ehrlichkeit und das Vertrauen zwischen Ihnen beiden gewahrt.

Möglichkeit 2: Sie denken, dass Ihre Affäre Ihnen einen derartigen Fehltritt nicht verzeihen würde. Aber die Sache ist auf neutralem Terrain passiert und die Gute wird es vermutlich nicht erfahren. Dann müssen Sie sich entscheiden: Entweder Sie möchten auf jeden Fall sicherstellen, dass Sie ihr auch zukünftig in die Augen schauen können. Dann seien Sie ehrlich und erzählen ihr die ganze Geschichte. Die Affäre ist dann logischerweise vorbei, aber Sie werden in Zukunft sehr wahrscheinlich normal miteinander umgehen können.

Vielleicht wollen Sie aber die Affäre zu diesem Zeitpunkt auch auf keinen Fall verlieren, wissen aber, dass sie Ihnen nicht verzeihen wird. Dann haben Sie nur eine Wahl: Halten Sie die Klappe! Führen Sie Ihre aktive Affäre weiter wie bisher und beten Sie, dass Gras über den Fehltritt wächst. Sowohl in Ihrem Gewissen als auch in der Realität. Somit erleiden Sie keine Verluste.

Vermutlich werden Sie sich aber eine Zeitlang mit einem schlechten Gewissen herumschlagen müssen. Und sollte die Sache herauskommen, wartet eine Menge Ärger auf Sie. Sie wird Ihnen berechtigte Vorwürfe machen, sicherlich wird sie auch für schlechte Mundpropaganda sorgen und kein Interesse mehr an einer Weiterführung des Kontakts mit Ihnen haben. In Anbetracht dieses Szenarios ist es möglicherweise also doch besser, den Folgen Ihres Handelns wie ein Mann ins Auge zu sehen.

Möglichkeit 3: Sie Ochse haben Ihr kleines amouröses Abenteuer an einem Ort genossen, durch den Ihre Affäre mit ziemlicher Sicherheit Wind von der Sache bekommt. In diesem Fall ist es völlig egal, ob Sie denken, dass sie Ihnen verzeiht oder nicht. Sie haben nur eine Möglichkeit: Erzählen Sie es Ihr so schnell wie möglich – bevor es ein anderer tut. Sollte sie es nicht von Ihnen, sondern von jemand anderem erfahren, wird sie zusätzlich zum eigentlichen Vergehen noch Ihre Unehrlichkeit auf die Negativliste setzen. Auch wenn die Aussicht auf dieses Gespräch

Sie vermutlich nicht gerade in Hochstimmung versetzt, machen Sie sich eines klar: Der Weg des geringsten Widerstandes ist nur am Anfang asphaltiert. Also drucksen Sie nicht lange herum, sondern sagen Sie es geradeheraus. Wenn Sie wie eine Katze um den heißen Brei schleichen und ihr alles nach und nach, vielleicht sogar noch an verschiedenen Tagen erzählen, endet dies nur in einer Schlammschlacht, weil die Dame mit immer weiteren, noch desaströseren Nachrichten rechnet und Ihnen nicht mehr traut. Außerdem machen Sie es für Ihre Affäre schwerer, die Sache zu vergessen und beiseitezuschieben, weil sie über einen längeren Zeitraum damit konfrontiert wird. Tja und wenn Sie es erzählt haben, bleibt Ihnen nur, sich dafür zu entschuldigen und darauf zu hoffen, dass Ihre Affäre damit klarkommt. Wenn nicht – nun gut, wir reden hier nicht von einer Beziehung ... lernen Sie daraus, zücken Sie Ihr Mobiltelefon – und den Rest kennen Sie!

B. Der scharfe Zahn – die Traumfrau

Wir haben uns bislang immer nur um den Single-Zustand gekümmert. Der Single-Status mit kurzen Affären ist zwar durchaus reizvoll, weil er immer etwas Neues, Unbekanntes und damit ein gewisses Abenteuer bietet. Klingt wunderbar – und ist es auch. Allerdings nicht für immer!

Der Single-Status ist schließlich kein Wert an sich – oder möchten Sie noch mit 50 jeden Mittwochabend auf der Suche nach einer Gelegenheitsaffäre durch die Bars ziehen? Nicht, dass dies das Ende aller Dinge wäre, aber es ist bestimmt nichts, was man mit aller Kraft erreichen möchte. Nicht das Single-Leben an sich, sondern die darin begründete persönliche Freiheit ist es, was uns Männer anzieht. Sie ermöglicht es, eine Vielzahl von Erfahrungen zu machen und das Leben mit all seinen Überraschungen voll auszukosten. Für einige Jahre ist das absolut aufregend. Der Kick, den man nach jeder Eroberung fühlt, lässt uns Männer den Akquisemodus schätzen. So kann man problemlos einige Jahre glücklich dem Jagdtrieb folgen – bis man irgendwann das Spielchen in- und auswendig kennt. Man wird nur noch selten von etwas beeindruckt oder überrascht – der Kick wird immer kleiner, bis er irgendwann eher einem lauen Lüftchen ähnelt und man aus der reinen Eroberung an sich nur noch wenig Befriedigung ziehen kann. Des Weiteren wird man inzwischen den eigenen Marktwert relativ gut kennen. Man wird ungefähr wissen, bei welchen Frauen es mit ziemlicher Sicherheit klappt und bei welchen man nur in absoluter Topform landen kann – und man braucht sich auch nicht immer wieder zu beweisen, dass es klappt. Eine gewisse Monotonie beginnt sich einzuschleichen. Die Freiheit, die man hat, ist zwar gut und schön – aber man weiß einfach nicht mehr so viel damit anzufangen. Der Reiz des Single-Lebens beginnt langsam zu verblassen.

Viele Männer, die sich gerade in einer solchen Phase befinden, werden Ihnen sagen, dass sie sich trotz vieler Liebeleien manchmal einsam fühlen und sich gerne wieder einmal wirklich verlieben würden – auf der anderen Seite aber das Gefühl haben, sich nicht mehr verlieben zu können. („Ich hab so viele kennen gelernt, aber die Richtige ist einfach nicht dabei.") Wie kommt das? Nun, die Tatsache, dass der Ablauf der einzelnen Affären sich stark ähnelt, führt dazu, dass sie untereinander nahezu austauschbar sind. Man merkt, dass man über die eine Frau schnell mit der nächsten hinwegkommt – und sobald es irgendwie schwierig wird oder der leiseste Hauch von Langeweile aufkommt, geht man eben in der nächsten Bar auf die Pirsch. Und genau hier liegt der Hund begraben: Wenn keine Ihrer Damen etwas Besonderes ist, sticht auch keine als Prinzessin heraus – und dann kann man sich auch nicht verlieben!

Sind Sie an dem Punkt angelangt, an dem Sie die Spielchen einfach satthaben, befinden Sie sich in der sogenannten End-Single-Phase. Sie sind nun reif für Ihre Traumfrau! Nur die kann die Leere in Ihnen mit einer gehörigen Portion Gefühl füllen. Problematisch daran ist, dass es einige Zeit dauern kann, bis Sie eine solche Frau entdecken – wir reden hier von einem Zeitraum, der unter Umständen mehrere Jahre umfassen kann, was Ihnen jeder unglückliche Prinz bestätigen wird. Fangen Sie nun an, wie unser Prinz zu agieren, kann Ihre mentale Verfassung dabei erstens komplett gegen die Wand fahren. Und zweitens setzen Sie, wenn Sie irgendwann wirklich Ihrer Traumfrau begegnen, das Ganze aufgrund Ihrer schlechten mentalen Verfassung und Ihres katastrophalen Trainingszustands womöglich in den Sand. Was also tun? Zum einen halten Sie natürlich selbstredend die Augen auf nach Ihrer Traumfrau. Parallel dazu fahren Sie jedoch einfach ganz ruhig weiter mit der Haifischzahnstrategie – mit einigen kleinen Änderungen: Sie müssen versuchen, die Monotonie zu durchbrechen und den Reiz des Besonderen in Ihren Affären zu erleben. Das lässt Sie vielleicht in einer Ihrer Affären Ihre Traumfrau entdecken – manchmal verliebt man sich auch erst auf den zweiten Blick! Und selbst wenn dies nicht der Fall sein sollte, macht es die Zeit, bis Ihnen Ihre Traumfrau über den Weg läuft, auf jeden Fall abwechslungsreicher und angenehmer.

Wie aber stellt man dies an? Nun, Nachforschungen haben zwei Strategien ergeben, die parallel zueinander verfolgt werden können. Beide reduzieren zwar die Menge an Sex, die sich aus Ihren Aktivitäten ergibt, steigern dafür jedoch die Spannung bzw. den Tiefgang Ihrer Affären, was die Monotonie mildert.

Forcierung des Zufalls: Der Ablauf des Kennenlernens kann die Besonderheit der Affäre stark beeinflussen. Läuft alles nach dem Standard

- Freitag oder Samstag kennen lernen
- in den nächsten Tagen ein Treffen vereinbaren
- mit dem zweiten oder dritten Date zur Sache kommen[43]

ab, dann wird die Geschichte für Sie schon von Anfang an einen Hauch von Langeweile haben. Überlassen Sie den Weg des Kennenlernens jedoch etwas mehr dem Zufall, kann das mehr Würze in die Sache bringen. Angenommen, Sie lernen eine Frau aus Ihrer Stadt kennen. Wenn Sie im Gespräch herausfinden, dass Sie gerne dieselben Bars und Orte besuchen wie sie, ist es selbst in einer großen Stadt sehr wahrscheinlich, dass Sie die

---

[43] Frage: „Sie haben mit einer Frau Telefonnummern ausgetauscht. Beim wievielten Treffen haben Sie durchschnittlich zum ersten Mal Sex (das beinhaltet Petting)?"
- Aussage Männer: Im Durchschnitt nach 2,08 Treffen, in 72 % der Fälle spätestens beim dritten Treffen.
- Aussage Frauen: Im Durchschnitt nach 2.09 Treffen, in 69 % der Fälle spätestens beim dritten Treffen.
- Bei Männern, die ein schlechtes Gewissen bei mehreren Affären haben, ist die durchschnittliche Dauer bis zum ersten Sex um 17 % höher.

Dame per Zufall wiedersehen, auch wenn Sie sich nicht verabredet haben. Nutzen Sie dies, um etwas mehr Spannung in die Sache zu bringen. Gehen Sie ohne ihre Telefonnummer nach Hause und lassen Sie sich überraschen, wann der Zufall Sie beide wieder zusammenbringt. Der Abschied ist dabei der einzig wirklich kritische Punkt bei der Sache. Wenn Sie sich nach dem ersten Kennenlernen einfach still und leise verabschieden, denkt sie unter Umständen, Sie wären nicht interessiert oder sind zu schüchtern, um nach ihrer Nummer zu fragen. Stellen Sie deshalb zunächst auf jeden Fall klar, das Sie ihre Gesellschaft genossen haben. Dazu müssen Sie ihr bei der Verabschiedung hauptsächlich durch Ihre Mimik und Gestik zu verstehen geben, wie sehr es Ihnen gefallen hat, sich mit ihr zu unterhalten. Eine herzliche Verabschiedung in der Art: „ …schön, dich kennen gelernt zu haben und vielleicht läuft man sich ja bald mal wieder über den Weg …" hat man schon tausendmal als Höflichkeitsfloskel gehört. Deswegen müssen Sie die Aussage auf nonverbalem Wege nochmals unterstreichen, z. B. indem Sie bei der Verabschiedung ihre Hand nehmen, sie eine Sekunde länger als nötig anschauen usw.

Zusätzlich sollte man ein Wiedersehen natürlich noch ein bisschen forcieren, indem man während des vorhergegangenen Gesprächs herausfindet, wo sie am liebsten ist und dort künftig mal vorbeischaut.

Oder indem Sie sie andersherum wissen lassen, wo Sie häufig zu finden sind – vielleicht wird sie, um Sie wiederzusehen, auch mal in Ihren Stammlokalen vorbeischauen. Oft ist die beste Gelegenheit zu diesem Gespräch der Abschied, wenn ohnehin die Frage im Raum steht, wie man sich wiedersieht.

Mit dieser Strategie erntet man oft ein wenig verwirrte Blicke von den beteiligten Damen. Aber wenn Sie die Betreffende dann irgendwann wirklich wiedersehen, wird die Freude wesentlich größer sein, als wenn Sie sich lediglich per Telefon für den nächsten Dienstag verabredet hätten. Diese gegenseitige Wiedersehensfreude schafft eine sehr vertraute Atmosphäre, die Sie bei einem Date vermutlich nicht gehabt hätten.

Darüber hinaus – und das ist fast noch wichtiger – lässt diese Vorgehensweise Sie Ausschau nach der Frau halten: Wenn Sie nun eine Frau nicht sofort nach dem Kennenlernen wiedersehen, wird bei Ihnen vielleicht so etwas wie Sehnsucht aufkommen. Sie werden häufiger an sie denken. Und das sind beste Voraussetzungen, um sich zu verlieben! Und wenn Sie sich zufällig wiedertreffen, kann es gut sein, dass Amors Pfeil Sie wieder trifft. Und selbst wenn dies nicht der Fall ist, hat diese Maßnahme auf jeden Fall die Monotonie durchbrochen und für mehr Spannung in Ihrem Single-Leben gesorgt. Und das ist das Minus an Sex, das Sie durch eine entgangene Affäre erleiden müssen, mit großer Sicherheit wert. Außerdem: Die weitaus meisten Affären werden durch dieses Vorgehen nicht verhindert, sondern nur verzögert. Die Gesamtmenge an Affären ist somit auf lange Sicht fast dieselbe.

Abschließend noch eine kleine Anmerkung, die sich eigentlich von selbst verstehen sollte: Mit Frauen, bei denen klar ist, dass Sie sie ohne telefonischen Kontakt niemals wiedersehen werden, verfolgen Sie diese Strategie natürlich nicht! Auch nicht, wenn Sie Ihre Traumfrau treffen! Sonst ist sie sicherlich vergeben, wenn Sie Ochse sie das nächste Mal treffen! Mit der Traumfrau macht dieses Vorgehen ohnehin keinen Sinn, weil der Reiz des Besonderen sowieso vorhanden ist.

Langsames Anpirschen: Sie wünschen sich mehr Tiefgang bei Ihren Affären und würden sich einer Frau gerne mal wieder wirklich nahe fühlen? Dann lassen Sie sich viel Zeit zum Kennenlernen vor dem ersten Sex! Warum das? Nun, vielleicht kennen Sie auch diesen Moment beim ersten Sex mit einer Affäre, in dem Ihr sexuelles Verlangen nach dem Orgasmus plötzlich abflaut und Sie merken, dass Sie – außer der sexuellen Komponente – nichts mit der Affäre verbindet. Diese sogenannte postsexuelle Ernüchterung lässt einen Graben der Fremdheit zwischen Ihnen beiden offensichtlich werden. Sie wollten sich eigentlich gerne mal wieder einer Person wirklich nahe fühlen – und fühlen gerade das genaue Gegenteil. Diese Erkenntnis lässt Sie die Geschichte in genau diesem Moment enttäuscht in die Kategorie „as usual" schieben. Dieses ernüchternde Gefühl, neben einer Frau zu liegen und sich ihr nicht nahe zu fühlen, ist genau das, was Sie nicht gebrauchen können, wenn Sie sich mehr Tiefgang wünschen.

Wie aber kommt dieser Effekt genau zustande und was kann man dagegen tun? Nun, das Gesamtinteresse an einer jungen Dame setzt sich zusammen aus dem sexuellen Verlangen und dem Verlangen nach Nähe aufgrund gegenseitiger Sympathie. Kommt es nach dem ersten Kennenlernen zügig zum ersten Sex, dann haben Sie vor dem Koitus sicherlich ein durchaus hohes Verlangen nach ihr. Dieses ist jedoch zum großen Teil sexueller Natur und sinkt direkt nach Ihrem Höhepunkt auf nahezu null ab. Das verbleibende Verlangen nach Nähe aufgrund gegenseitiger Sympathie ist aber noch sehr klein, da Sie die Dame eigentlich gar nicht ken-

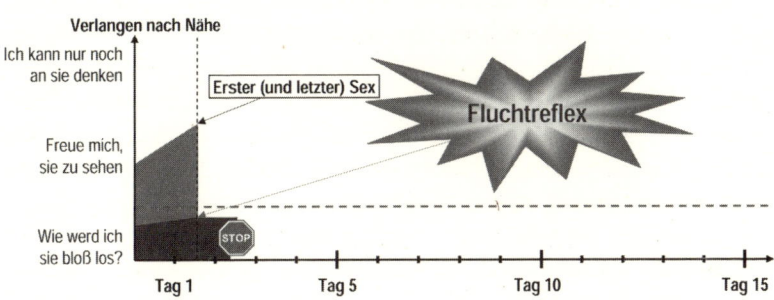

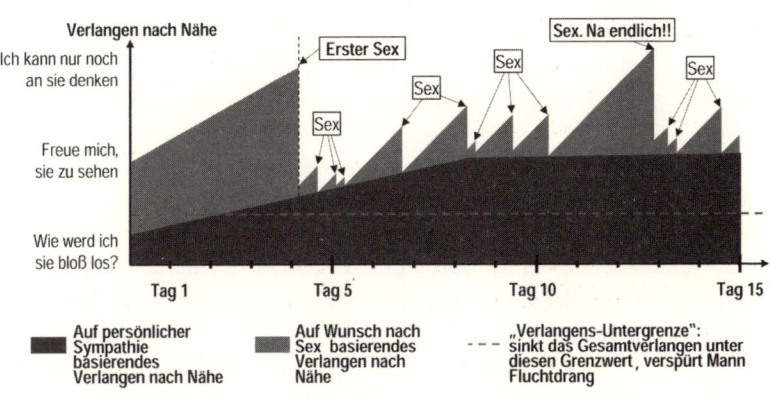

Abbildung 22 – Warum früher Sex die Lust auf eine Affäre zerstören kann

nen. Also ist das resultierende Gesamtverlangen nach Nähe direkt nach dem Sex sehr gering – und der Graben zwischen Ihnen beiden nicht zu leugnen. Fällt das Gesamtinteresse unter einen kritischen Wert, möchten Sie direkt nach dem Sex sogar nur noch abhauen (siehe Abb. 22).

Lassen Sie der Sache hingegen ein wenig Zeit bis zum ersten Sex, dann wird, vorausgesetzt, Sie beide mögen sich, Vertrauen und ein gewisses Zusammengehörigkeitsgefühl zwischen Ihnen entstehen. Und damit ein größeres Verlangen nach ihr als Person, welches auch nach dem Sex noch für den Wunsch nach Nähe sorgt – der Graben und damit der Effekt der postsexuellen Ernüchterung wird also gemildert. Ebenso wird, wenn bereits Vertrauen entstanden ist, das erste Mal ein innigeres Erlebnis für beide sein.

Allerdings gibt es auch in diesem Fall drei Dinge zu bedenken: Auch dieses Vorgehen reduziert wahrscheinlich Ihre Gesamtmenge an Sex. Erstens, weil die Rüstzeiten länger sind. Zweitens, weil sich während der Wartezeit herausstellen kann, dass Sie sich nur halb so sympathisch sind, wie Sie anfangs dachten, und Sie deswegen gar keine Lust mehr auf Sex mit ihr haben. Und drittens, weil man sich sehr leicht auch zu viel Zeit lassen kann. Manchmal ist es einfach zu spät für eine relativ unverbindliche Affäre, weil man sich zu gut kennt. Würde man jetzt noch etwas miteinander anfangen, würde die Dame wahrscheinlich eine tiefergehende Absicht erwarten. Und das kann bei beiden zur psychischen Blockade führen. Sie werden also unter Umständen weniger Sex haben. Dafür vertreiben Sie die Oberflächlichkeit. Und das ist, sollten Sie sich in der End-Single-Phase befinden, vermutlich Ihr größeres Anliegen.

So weit, so gut! Sie haben nun durch die Forcierung des Zufalls und das langsame Heranpirschen an das Zielobjekt ein wenig Würze in Ihr Single-Dasein gebracht. Die Monate gehen dahin – und eines schönen Tages passiert es dann: Sie haben Ihre Traumfrau kennen gelernt. Sie sind verzaubert. Die oder keine! Erleben Sie dies in Ihrer End-Single-Phase, sollten Sie darüber nachdenken, Ihr Lotterleben für unbestimmte Zeit aufzugeben. Sie werden mit ihr keine Zweckbeziehung aufgrund eines WHJND-Syndroms eingehen, sondern eine Beziehung, die aus freiem Willen und tieferer Zuneigung resultiert. Deswegen werden Sie sich darin auch nicht gefangen fühlen, sondern beflügelt – zumindest solange die starken Gefühle andauern. In dieser Phase wird sich nun zeigen, was Sie in der Vergangenheit gelernt haben. Nur wird der Schwierigkeitsgrad nun noch mal um einige Grade nach oben geschraubt.

Ihr größtes Problem ist nun der „Blinder-Ritter"-Effekt. Haben Sie wirklich Ihre Traumfrau am Haken, werden Sie sich derart freuen, dass Ihr Logikzentrum möglicherweise fatale Aussetzer erleidet. Seien Sie sich dieser Gefahr ständig bewusst und hüten Sie sich vor folgenden vier Dingen:

Überhöhte Kontaktfrequenz: Passen Sie auf, dass sich die Frequenz, mit der Sie die Dame kontaktieren, im Rahmen hält. Von zu viel Präsenz wird sie sich erdrückt fühlen – mit allen unerwünschten Folgen des „Blinder-Ritter"-Effekts. Achten Sie daher peinlich darauf, ihr nicht hinterherzutelefonieren. Wenn Sie sich auf Ihren Kontaktversuch nicht sofort meldet, wird sie ihre Gründe haben. Wir alle wissen, wie unerträglich das Warten auf einen Rückruf ist. Man möchte so gerne mit der Frau sprechen, aber sie lässt sich einfach Zeit. Irgendwann fragt man sich vielleicht sogar, ob die eigene SMS überhaupt bei ihr angekommen ist.

Bleiben Sie stark, machen Sie andere Sachen, lenken Sie sich ab. Ich habe in Extremfällen, in denen ich wusste, ich könnte mich nicht zurückhalten, sogar ihre Nummer aus meinem Handy gelöscht, so dass ich sie gar nicht erreichen konnte, selbst wenn ich es gewollt hätte. Denn hat sie alle zwei Stunden eine neue Nachricht von Ihnen auf dem Display, wird der Kick auf ihrer Seite schnell schwinden[44]. Lassen Sie ihr dagegen Zeit, Sie auch mal zu vermissen und das Gefühl zu verspüren, Sie jetzt gerne sprechen zu wollen – dann wird die Traumfrau auch von sich hören lassen und sich weiterhin über jede Ihrer Nachrichten freuen!

PS: Natürlich habe ich mir die Nummer vorher abgeschrieben und an einem sicheren Ort hinterlegt.

---

[44] Die befragten Frauen begannen im Durchschnitt bei mehr als 2,8 Anrufen am Tag, die Anrufe als anstrengend zu empfinden. Achtung: 41 % der Frauen empfanden bereits zwei Anrufe am Tag als anstrengend. (Frage: „Ihr neues Date ruft Sie an. Ab welcher Anrufhäufigkeit beginnt Sie das zu nerven bzw. ab wann empfinden Sie es als anstrengend?") [Quelle: Umfrage Trend Research]

Aufgabe der eigenen Tagesplanung: Richten Sie nicht sämtliche Planung an den Wünschen Ihrer Prinzessin aus und lassen Sie nicht alles stehen und liegen, wenn sie pfeift. Die guten alten Zeiten, in denen Frauen dieses Alle-Wünsche-von-den-Lippen-Ablesen noch als Benimm eines Gentlemans zu interpretieren wussten, sind leider vorbei. Heute wird absolute Hingabe leider allzu oft als Schwäche ausgelegt. Und ist der Mann Wachs in ihren Händen, langweilt sich die Frau schnell. Läuft alles nach der Nase der Dame, sind Sie ihr blinder Ritter, und die Sache ist schon so gut wie gelaufen. Was allerdings nicht heißt, dass Sie den Wünschen der Dame krampfhaft widersprechen sollen. Stellen Sie lediglich sicher, dass Sie Ihre eigenen Bedürfnisse nicht ständig hintenanstellen. Haben Sie beispielsweise eine Verabredung mit einem Kumpel und sie meldet sich kurzfristig, weil sie sich mit Ihnen treffen will, vertrösten Sie sie ruhig auf einen anderen Termin – je eher eine Frau merkt, dass sie Sie heute eigentlich verdammt gerne gesehen hätte, desto besser. Nächstes Mal wird sie sich früher melden. Nur wenn Sie nicht jederzeit per Fingerschnippen verfügbar sind, weiß sie Ihre Gesellschaft auch zu schätzen.

Inflationäre Aufmerksamkeiten: Sie sollten der Dame Ihres Herzens auf der einen Seite natürlich zeigen, dass sie etwas ganz Besonderes ist. Individuelle kreative Aufmerksamkeiten oder auch klassische wie ein Rosenstrauß sind deswegen ausdrücklich angesagt. Aber Vorsicht! Auch hier gilt: „Viel ist schnell zu viel." Inflationäre Aufmerksamkeiten vermindern eher den Gesamteffekt. Kleine Geschenke sollten ihr lediglich Ihre besondere Zuneigung beweisen, und das kann man auch mit wenigen, aber eindrucksvollen Dingen tun. Ein Zuviel an Aufmerksamkeiten bringt keinen Vorteil, denn eine Frau kann nicht „noch mehr wissen", dass Sie ehrliche Gefühle für sie haben. Im Gegenteil: Es wird eher dazu führen, dass sie den Eindruck bekommt, Sie wollten versuchen, ihre Gefühle zu erkaufen. Deswegen gilt hier: Qualität statt Quantität. Ihre Traumfrau werden Sie am Ende des Tages nicht mit vielen Geschenken, sondern nur mit Charakter überzeugen können.

Aufgaben der bestehenden passiven Affären: Natürlich sollten Sie im Vergleich zur normalen Affäre den parallelen Aufbau Ihres passiven

Pools auf ein Minimum beschränken, um die Blüte Ihrer kostbaren Romanze nicht durch unnötige Dissonanzen frühzeitig welken zu lassen. Die Parallelakquise ist potenziell konfliktträchtig und führt zu Auseinandersetzungen, die Sie mit Ihrer Prinzessin nicht wirklich haben wollen. Meistens geschieht diese Änderung der Strategie ohnehin von ganz allein, da Sie, wenn Sie wirklich verschossen sind, von allein weniger Interesse für andere Frauen aufbringen. Außerdem lassen zu viele innige Bekanntschaften mit Frauen bei ihr den Eindruck entstehen, sie allein würde Ihnen nicht ausreichen. Das wiederum setzt den Mechanismus der enttäuschten Erwartungen in Gang, und Ihre Romanze ist vorbei, kaum dass sie wirklich angefangen hat.

Dies heißt jedoch nicht, dass Sie die Pflege des bestehenden Pools vernachlässigen sollen. Erstens ist diese Maßnahme im Gegensatz zum Aufbau kaum konfliktträchtig, da Sie lediglich ältere Bekanntschaften pflegen. Zweitens ist sie dringend notwendig, da Sie schließlich nicht völlig allein dastehen wollen, sollte aus Ihnen beiden kein Traumpaar werden. Ein Fehlschlag mit ihr wird Sie ungleich härter treffen als ein übliches Affärenende. Im Fall der Fälle brauchen Sie ein wenig Zuwendung dann mehr als zuvor! Drittens helfen Ihnen die passiven Affären, sich abzulenken und vermeiden so den „Blinder-Ritter"-Effekt. Und last, but not least kann sie ruhig merken, dass Sie eine gute Partie sind, um die sich noch andere Frauen bemühen.

C. Zahnberatung – political correctness der Haifischzahnstrategie

Während ich dieses Buch geschrieben habe, habe ich häufiger einen kritischen Kommentar in Bezug auf die Haifischzahnstrategie erhalten.

Der Satz, den ich so oder so ähnlich häufig gehört habe (und den vermutlich auch Sie künftig hören werden) bezieht sich auf das Management der passiven Affären: „Ich finde es nicht gut, wenn man mit einer Person etwas hat und gleichzeitig mit einem Auge schon nach der nächsten Sache schielt." Und das kann Ihnen nun auch drohen! In dieser Situation kann und möchte ich Sie nicht alleine lassen. Werden Sie als ober-

flächlicher Frauenverächter abgestempelt, obwohl Sie nur ein Haifischmann sind, der zu seinen Bedürfnissen steht und mit offenen Karten
spielt, ist das natürlich gar nicht gut für Ihren Ruf und entspricht beileibe
nicht Ihrem eigenen Wunschbild.

Oben genannter Satz wäre absolut gerechtfertigt, wenn wir hier über
Beziehungen sprechen würden. Eine Beziehung ist etwas Langfristiges
und ein moralisches Versprechen. Da ist nichts mit ständigem Ausschauhalten und Passiv-Pool. Wir reden in der Haifischzahnstrategie aber nicht
über Beziehungen, sondern über Affären in der Single-Phase. Und an diese Affären können und sollten Sie keine langfristigen Erwartungen haben. Eine Affäre dient entweder der Beantwortung der Frage, ob man zueinander passt und eine Beziehung miteinander eingehen möchte (Fall 1).
Oder sie soll lediglich das Leben beider Affärenbeteiligten vorübergehend verschönern und bereichern, wobei klar ist, dass keine Beziehung
daraus wird (Fall 2). Hat man im ersten Fall seine Traumfrau gefunden,
wird man ohnehin jegliches Interesse für andere Frauen verlieren und die
Aktivitäten auf der passiven Seite von ganz allein einstellen. Insofern
stellt sich in einem solchen Fall die Problematik des „schon nach anderen
Frauen schielen" ohnehin nicht. Ist die Affäre nicht die Traumfrau, sollte
man ihr auch nicht vorspielen, lediglich Augen für sie zu haben. Dieses
Schönreden mag zwar im ersten Moment höflicher erscheinen, sorgt aber
bei genauerem Hinsehen lediglich dafür, dass Ihre Affäre sich in etwas
hineindenkt, was sie wahrscheinlich nicht bekommen wird. Und das
sorgt bei ihr für umso größere Enttäuschung.

Dient die Affäre ohnehin nur der beiderseitigen Steigerung der Lebensqualität während der Single-Phase, ist es meiner Meinung nach durchaus
gesund und nur legitim, weiterhin über den Tellerrand zu schauen. Im
Grunde stellt sich dann auch nicht die Frage, ob man sich in der Affärenphase nach anderen potenziellen Partnern umschauen sollte, sondern
WIE man es tut. Das natürliche Verlangen nach Sex und Zuwendung ist
nun einmal da, ob es einem gefällt oder nicht. Und zwar bei Männern
noch stärker als bei Frauen. Sollte Ihnen also gerade ein Mann Vorwürfe
machen und Ihnen erzählen, dass er es auch in einer lockeren Affäre
nicht in Ordnung fände, wenn man sich weiter umschaut, dann brauchen
Sie das Milchbrötchen nicht wirklich ernst zu nehmen. Der belügt sich in

der Regel nur selbst. Ist es hingegen eine Frau, die gerade Ihre moralische Integrität anzweifelt, sollte man durchaus noch einmal ausführlich darauf eingehen. Denn die Frau an sich tickt anders und schießt sich wesentlich eher auf nur einen Partner ein. Dennoch: Auch diejenige, die Ihnen gerade diesen Vorwurf gemacht hat, wird die Situation kennen, dass sie während einer Affäre oder gar während einer Beziehung in fremde, verbotene Gärten geschaut hat. Denn auch die moderne Frau weiß: Eine Alternative mehr zu haben schadet nie. Sie tut das eventuell nur unbewusst – aber letztendlich ist es ähnlich wie bei uns Männern.

Man kann nun die Augen vor diesem Verlangen verschließen und so tun, als würde es nicht existieren. Das führt aber lediglich dazu, dass es immer wieder unkontrolliert hervorbricht. Oder aber Sie können beginnen, darüber nachzudenken, wie man am besten damit umgeht, um ein optimales Ergebnis für ALLE Beteiligten zu erreichen. Und genau das haben wir mit der Haifischzahnstrategie getan.

Und abschließend, ganz nebenbei und ganz unter uns: Spätestens seit „Sex and the City" wissen wir Männer, dass es übrigens auch das sogenannte schwache Geschlecht faustdick hinter den Ohren hat.

Teil 6: Schlusswort und Danksagung

Schlusswort

Nun ist es auch schon so weit – alles was mir an klugen Dingen für ein glückliches Männer-Single-Leben zu Ohren gekommen ist, habe ich für Sie niedergeschrieben. Ich habe mich bemüht, die Vielseitigkeit der Interaktion zwischen Mann und Frau in eine Struktur zu fassen und eine Methodik zum optimalen Agieren zu entwickeln – die Haifischzahnstrategie. Eine Strategie ist allerdings immer nur so gut wie das Modell, auf dem sie basiert – und dieses kann das wirkliche Leben niemals mit allen Facetten und Spielarten wiedergeben. Insofern: Auch wenn Ihnen die Anwendung der Haifischzahnstrategie Ihr Leben leichter machen wird, kann es Sie nicht vor allen bösen Überraschungen bewahren. Es scheint sogar fraglich, ob das überhaupt wünschenswert wäre. Das unkontrollierbare Restrisiko sorgt für eine bleibende Spannung im Single-Leben und ist im Grunde unverzichtbar. Wer will schon in einer Welt ohne Überraschungen und Herausforderungen leben? Dennoch werden Sie spüren, wie sich Ihr Affärenmanagement mithilfe der Haifischzahnstrategie hin zu einem glücklicheren Single-Leben verändern wird und Sie vielleicht sogar erfolgreich Ihre Traumfrau finden. Und dann, liebe Leser, werden Sie vielleicht an dieses Buch denken. Ich freue mich schon jetzt darauf.

Mit sportlichem Gruß
Hannes Fehr

PS: Wenn Sie dem Autor noch eine kleine Freude machen wollen: Feedback jeder Art ist höchst willkommen auf der Website www.haifischzahnstrategie.de.

Danksagung

Die Entstehung dieses Buches hat dank meiner Unerfahrenheit in Bezug auf Buchpublikationen von der ersten Idee bis zur tatsächlichen Veröffentlichung fast vier Jahre gebraucht. In dieser langen Zeit haben mir viele Menschen sehr geholfen, denen ich an dieser Stelle herzlich danken möchte und ohne die das Ganze nie zustande gekommen wäre. Jetzt, da ich einmal nachdenken muss, wer mir alles geholfen hat, fällt mir auf, dass es so unglaublich viele waren, dass ich bestimmt ein paar vergessen habe – bitte seid mir nicht böse deswegen.

Zuallererst möchte ich mich bei all meinen Lektoren, Kumpels und Freundinnen bedanken, die das Buch gelesen und mir wertvolles Feedback gegeben haben, im Einzelnen Dietlind Torniporth, Tami Dahlheim, Michael Gösele, Alexander Schuller, Nicki (der auch bereits mein erstes Buch korrigiert hat), Oli, Stefan, Stevie, Dini, Tanja, Kai, Sasha und alle anderen. Danke auch an diejenigen, die mir immer wieder zu verstehen gegeben haben, dass sie das Thema toll finden und mich ermutigt haben, das Manuskript fertigzustellen.

Ganz besonders möchte ich auch meiner Freundin Julia danken, die Redakteurin ist und sich sehr viel Zeit genommen hat, dieses Buch (mit einem in diesem Zusammenhang nicht ganz einfachen Thema) mit mir zusammen mit sehr viel Geduld noch einmal durchzuarbeiten.

Danke auch an Tami für das abschließende Schlusslektorat.

Dann möchte ich mich bei all denjenigen bedanken, die mir dabei geholfen haben, einen Literaturagenten bzw. einen Verlag zu finden, z. B. Jochen, Michael Meller, Karsten, Tanja und Manuel, um nur einige zu nennen.

Ganz vielen Dank auch an Tobi, der mit unglaublicher Geschwindigkeit die Website programmiert hat.

Ein dickes Danke an alle, die mir bei der erfolgreichen Buch-PR geholfen haben, wie Peter, Roger, Marlene und ganz besonders natürlich Hille.

Kurz gesagt: Wer immer mir geholfen hat – ich freue mich, beim nächsten Wiedersehen ein kühles Bier auszugeben!

Teil 7: Anhang

Berechnungstabellen für Kapitel F „Effizienter Aufwandseinsatz"
A1. JUNGBULLE

Woche	Zeiteinheiten Akquiseaufwand	Zeiteinheiten Pflegeaufwand aktive Affären	anderweitig benötigte Zeiteinheiten	Qualitäts- zeiteinheiten	Zeiteinheiten mit Sex
1	2	1	4	2,5	4
2	4	1	4	0,5	3
3	0	3	4	3,5	5
4	0	2	4	4	5
5	0	0	4	0	0
6	2	0	4	3	4
7	0	1	4	4,5	5
8	0	1	4	4,5	5
9	0	0	4	0	0
10	0	0	4	0	0
11	0	0	4	0	0
12	2	1	4	2,5	4
13	0	1	4	4,5	5
14	4	1	4	2,5	4
15	0	1	4	0,5	3
16	0	3	4	3,5	5
17	0	2	4	4	5
18	2	0	4	0	0
19	0	0	4	3	4
20	0	1	4	4,5	5
21	0	1	4	4,5	5
22	0	0	4	0	0
23	0	0	4	0	0
24	0	0	4	0	0
25	2	1	4	2,5	4
26	0	1	4	4,5	5
Summe	20	22	104	59	80

A2. PRINZ

Woche	Zeiteinheiten Akquiseaufwand	Zeiteinheiten Pflegeaufwand aktive Affären	anderweitig benötigte Zeiteinheiten	Qualitäts- zeiteinheiten	Zeiteinheiten mit Sex
1	0	0	4	0	0
2	0	0	4	0	0
3	0	0	4	0	0
4	0	0	4	0	0
5	0	0	4	0	0
6	0	0	4	0	0
7	0	0	4	0	0
8	0	0	4	0	0
9	0	0	4	0	0
10	0	0	4	0	0
11	0	0	4	0	0
12	2	0	4	0	4
13	0	1	4	3	5
14	0	1	4	4,5	5
15	0	1	4	4,5	5
16	0	1	4	4,5	5
17	0	1	4	4,5	5
18	0	1	4	4,5	5
19	0	1	4	4,5	5
20	0	1	4	4,5	5
21	0	1	4	4,5	5
22	0	1	4	4,5	5
23	0	1	4	4,5	5
24	0	1	4	4,5	5
25	0	1	4	4,5	5
26	0	1	4	4,5	5
Summe	2	13	104	61,5	69

A3. HAIFISCH

Woche	Zeiteinheiten Akquiseaufwand	Zeiteinheiten Pflegeaufwand aktive Affären	anderweitig benötigte Zeiteinheiten	Qualitäts-zeiteinheiten	Zeiteinheiten mit Sex
1	1	0	4	4	5
2	0	1	4	3,5	4
3	0	1	4	3,5	4
4	0	1	4	3,5	4
5	0	1	4	4,5	5
6	0	1	4	3,5	4
7	1	0	4	3	4
8	0	1	4	3,5	4
9	0	1	4	4,5	5
10	0	1	4	3,5	4
11	0	1	4	3,5	4
12	0	1	4	3,5	4
13	1	0	4	4	5
14	0	1	4	3,5	4
15	0	1	4	3,5	4
16	0	1	4	3,5	4
17	0	1	4	4,5	5
18	0	1	4	3,5	4
19	1	0	4	3	4
20	0	1	4	3,5	4
21	0	1	4	4,5	5
22	0	1	4	3,5	4
23	0	1	4	3,5	4
24	0	1	4	3,5	4
25	1	0	4	4	5
26	0	1	4	3,5	4
Summe	5	22	104	95,5	111